Charles J. Sykes

50 Regeln, die Kinder nicht in der Schule lernen

Charles J. Sykes

50 Regeln, die Kinder nicht in der Schule lernen

Aus dem Englischen von Andreas Wirthensohn

Mit einem Vorwort von
Prof. Dr. Karin Schleider

Fackelträger

Die Originalausgabe erschien 2007 unter dem Titel
50 rules kids won't learn in school
bei St. Martin's Press, New York.

Für Janet

© 2007 by Charles J. Sykes
© 2009 für die deutschsprachige Ausgabe Fackelträger Verlag GmbH, Köln
Satz: Bild1Druck GmbH, Berlin
Alle Rechte vorbehalten
Gesamtherstellung: Verlags- und Medien AG, Köln
Printed in Germany

ISBN 978-3-7716-4378-2

www.fackeltraeger-verlag.de

Inhalt

Das Laserschwert im Kinderzimmer
Vorwort zur deutschen Ausgabe

Sykes provoziert. Er lässt keine Gelegenheit ungenutzt, seinen Lesern drastische Sprüche an den Kopf zu werfen. Er scheut keine harten Worte. Im Gegenteil, er sucht sie. Und gezielt arbeitet er mit den Werkzeugen der Zuspitzung und Vereinfachung. Einem Trommelfeuer gleich fliegen seine Sätze den Lesern um die Ohren, immer wieder.

Seine Beispiele, die Sykes anführt, entstammen der US-amerikanischen Wirklichkeit. Kein Grund zur Panik also? Denn riesenhafte Partys zum 16. Geburtstag (Regel 5), wie sie in den USA an der Tagesordnung sind, kennen wir noch nicht. Piercing und Nasenring sind bei uns noch kein Punkt auf der allgemeinen pädagogischen Tagesordnung (Regel 20). – Und doch sind sie mehr als präsent. Via MTV und einer Fülle von amerikanischen TV-Serien sind unsere Kinder mit all dem bestens vertraut. Und deutschen Sendeformaten wie »Popstars« oder »Deutschland sucht den Superstar«, neben denen die gute alte *Bravo* manchmal wie eine schüchterne Betschwester aussieht, gelingt es meisterhaft, die Ideale silikonverstärkter Glanzfassaden und Ganzkörper-Tattoos auf direktem Weg in die deutschen Kinderzimmer zu transportieren, die ganz selbstverständlich mit einem Fernsehgerät versehen sind, zusätzlich zum eigenen Telefon, Handy und der unerlässlichen DSL-Flatrate. Schon früh machen unsere Kinder Bekanntschaft nicht nur mit Barbie & Co., sie lernen ihre Umwelt als buntes Manga kennen, und möglicherweise ist es eine der ersten großen Enttäuschungen, dass das Laserschwert aus dem

Kaufhaus nicht ganz so funktioniert wie in »Star Wars«. Sykes pole-
misiert. Sein Lieblingsfeind ist dabei, wie er es nennt, die »Kuschelpädagogik«. Damit meint er jene Lehrkräfte und pädagogische Strö-
mungen, die es tunlichst vermeiden, die vermeintlich freie
Entfaltung unserer Kinder zu stören, die ihnen keinerlei Widerstände setzen, sondern blindlings das Wohl des Kindes in seiner un-
gebremsten Selbstverwirklichung erkennen. – Korrekturen mit Rotstift? Himmel, hilf! Oder, um den zitierenden Sykes zu zitieren:
»Rot ist die aggressivste aller Farben und löst den Flucht- oder Angriffsreflex aus‹, behauptet ein Pädagoge. ›Es stand für Blutvergießen
oder eine der Farben des Feuers, deshalb wird einem im Gehirn
automatisch signalisiert, dass Rot Gefahr bedeutet.‹« Nur keine
Widerstände, nur keine leitende Hand, sondern die in Watte gebet-
tete Atmosphäre einer schon fast zwangsartig zu nennenden Bestätigung von – ja, von was eigentlich? Und immer möglichst unter
Ausschluss der Realität, die unsere Kinder einmal erwarten wird.

In einer Zeit, in der Pisa und der Streit um G8 die pädagogischen
Debatten bestimmen, scheint die sogenannte Kuschelpädagogik
hierzulande kaum eine Rolle zu spielen. Gerade in den weiterführenden Schulen muss ein Übermaß an Lehrstoff komprimiert werden, Schüler gelten als überfordert, und der Streit um die Einfüh-
rung der Ganztagsschule ist nachgerade zum Politikum geworden.
Positiv gewendet könnte man meinen, Pädagogik sei wieder in. Die
Hirnforschung entdeckt immer neue Zeitfenster, die es zu beachten
und zu nutzen gilt, will man keine unwiederbringliche Chance bei
der kindlichen Entwicklung verpassen. Und unentwegt regnet es
Hinweise, wie Lernprozesse zu optimieren seien. Bildung steht also
obenan. Aber »Kuschelpädagogik«?

Wenn Sykes mit »Kuschelpädagogik« vor allem pädagogische Ent-
wicklungen brandmarkt, die es vermeiden, unsere Kinder auf das
wirkliche Leben vorzubereiten, möchte ich den Begriff weiter fassen.

Von »Kuschelpädagogik« oder einer verfehlten Pädagogik sollten wir reden, wenn Pädagogen nicht in der Lage sind, den Lerndrang und das Entwicklungspotenzial unserer Kinder zu erkennen und zu fördern und sie auf ein Leben in unserer komplexen Wirklichkeit vorzubereiten. Das beginnt in den Kindergärten und endet noch lange nicht in den Grund- und weiterführenden Schulen. Selten unter dem Etikett einer offiziellen pädagogischen Lehrmeinung, vielmehr ganz banal im grauen schulischen Alltag, der sich, öffentlich kaum wahrgenommen, im Schatten der großen Diskussionen ereignet. Wird offiziell um den Umbau unserer pädagogischen Einrichtungen, um neue Konzepte und Visionen gerungen, mangelt es auf faktischer Ebene häufig schlicht an der Auswahl geeigneter Lehramtskandidaten, einer kompetenzorientierten Ausbildung in Studium und Referendariat sowie der Unterstützung unserer im Beruf stehenden Lehrkräfte durch angemessene Fortbildungsangebote. Nicht selten fühlen sich diese Lehrkräfte unvorbereitet in die wirkliche Welt der Schulen geschickt, in der sie entweder schlicht kapitulieren oder sich auf konfuse pädagogische Konzepte zurückziehen, als deren Auswuchs eben auch die Ablehnung roter Korrekturen erkannt werden kann.

Sykes' Angriffe auf die sogenannte Kuschelpädagogik sind weniger als zielgenaue Diagnose unseres schulpädagogischen Alltags zu verstehen, vielmehr als Metapher, als polemische Reaktion auf seismische Ausschläge. Und darin liegt der eigentliche Wert dieses Buchs. Sykes erfasst sehr genau eine Tendenz, die kaum noch als bloße Tendenz bezeichnet werden darf: die allgemeine »große Erziehungsverunsicherung« bei den Eltern – die sich nicht zuletzt in den hohen Einschaltquoten von »Super Nanny« äußert – und deren immer verständliche, aber im Grunde in ihr Gegenteil umschlagende Absicht, es unseren Kindern leichter zu machen. Mit teils verheerenden Folgen. In einer Zeit, in der immer mehr die Korrekturen erzieherische

Versäumnisse den sichtlich überforderten Schulen aufgebürdet wird, könnte es sein, dass eigentlich wir, die Eltern mit »Kuschelpädagogen« oder »Gutmenschen« gemeint sind. Wir sollen herausgefordert werden, denn es geht um unsere Kinder und um deren Zukunft in der wirklichen Welt. Ein neues Prinzip Verantwortung eröffnet sich, ein pädagogisches.

Sykes provoziert. Gezielt und mit jeder Zeile. Wir sollten ihn ernst nehmen. Und uns durch die Lektüre seines Buches in unserem Denken über Erziehung wie im erzieherischen Handeln im Alltag anregen lassen.

Prof. Dr. Karin Schleider
Pädagogische Hochschule, Freiburg

Vorwort von Charles J. Sykes

Zu diesem Buch muss man zweierlei wissen.

Erstens: Die Welt ist voller anrührend-einfühlsamer Bücher, die nur dem Zweck der Bestätigung dienen. Dieses gehört nicht dazu.

Zweitens: Diese Regeln wurden nicht vom Microsoft-Gründer Bill Gates verfasst.

Ich erwähne das deshalb, weil die Keimzelle dieser fünfzig Regeln ursprünglich lediglich zehn Regeln waren, die ich Mitte der 1990er Jahre für eine Rundfunksendung benutzte; sie wuchsen dann auf zwölf und sogar 14 an. Auf diesem Weg entwickelten sie ein Eigenleben, insbesondere nachdem man sie – warum auch immer – Bill Gates zugeschrieben hatte. Damit breiteten sich die Regeln mit rasender Geschwindigkeit im virtuellen Raum aus, tauchten in Tausenden von E-Mails und Webseiten auf und wurden von Zeitungen sowie von einer erlesenen Schar von Politikern, Motivationstrainern und Kommentatoren aufgegriffen, unter ihnen der Rundfunkmoderator Paul Harvey und Ann Landers, Autorin einer Kolumne mit Lebensratschlägen, – wobei sie alle die Regeln dem Softwareguru zuschrieben. Das war einerseits schmeichelhaft, andererseits aber auch ein wenig ärgerlich. Ich genoss die Tatsache, dass so viele Menschen die Regeln brauchbar fanden, doch wurde meine Freude beträchtlich getrübt, als sich meine eigene Mailbox mit den brillanten Einsichten von Bill Gates zu füllen begann.

Schließlich sprach sich herum, dass Gates nichts damit zu tun hatte und einzig und allein ein Kerl namens Sykes schuld daran war.

Webseiten, die modernen Mythen nachspüren, widmeten sich tatsächlich in umfassender Weise dem Bemühen, die Verbindung zu Gates zu enträtseln. Auf einer von ihnen (www.snopes.com) hieß es: »Warum diese Regeln Bill Gates zugeschrieben wurden, ist uns ein Rätsel; das Ganze klingt nämlich nicht im Mindesten so, als könnte es von ihm geschrieben sein. Vielleicht ließ der Punkt, mit dem die im Internet kursierende Version der Auflistung üblicherweise endete (›Sei nett zu Nerds‹), bei irgendjemandem die Glocken klingeln, der Gates für den erfolgreichsten Nerd aller Zeiten hält.« Das ist die einleuchtendste Theorie, die mir zu Ohren kam.

Wie aber soll man die Tatsache bewerten, dass die ursprünglichen Regeln auch nach ihrer »Entkoppelung« von Gates auf anhaltendes Interesse stießen? Ich glaube, das liegt darin begründet, dass sie in so deutlichem Gegensatz zum daumenlutschenden Wohlfühlinfantilismus standen, der in der Erziehung und Kultur nicht nur Amerikas so dominant geworden ist.

Frühere Generationen hielten es für ihre Pflicht, junge Menschen darauf vorzubereiten, dass die Aufs und Abs des Lebens eine Selbstverständlichkeit sind und eine Verpflichtung darstellen. Es gibt eine lange und reichhaltige literarische Tradition von Büchern, die jungen Leuten nüchterne, realistische Ratschläge erteilen; verfasst wurden sie von Menschen, die es als ihre Aufgabe betrachteten, Kindern beim Aufwachsen lenkend zur Seite zu stehen, statt sie bei Laune zu halten oder sich als ihre Kumpel zu fühlen. Heute jedoch können Kinder viele Jahre in der Gesellschaft wohlmeinender Kuschelpädagogen verbringen, die sie nicht nur im Hinblick auf die wirkliche Welt falsch erziehen, sondern es auch versäumen, ihnen die Fertigkeiten beizubringen, die nötig sind, um in der Wirklichkeit zu bestehen. Das vorliegende Buch ist dazu gedacht, ihrem Einfluss etwas entgegenzusetzen; man kann es als eine Art Gebrauchsanweisung für die wirkliche Welt betrachten.

Die Themen dieses Buches werden auch bei Christina Hoff Sommers und Sally Satel in *One Nation Under Therapy*;[1] bei Jean Twenge in *Generation Me*;[2] und bei Michael Barone in *Hard America, Soft America*[3] klug abgehandelt. Profitiert habe ich zudem von den Arbeiten vom James Stenson (dessen Schriften, darunter *Upbringing*,[4] deutlich mehr Aufmerksamkeit verdient hätten). Inspiriert sind diese Regeln überdies von Lord Chesterfield, Anatole France, Teddy Roosevelt, La Rochefoucauld, P.J. O'Rourke, H.L. Mencken und Viktor E. Frankl sowie von einer Gruppe sehr bemerkenswerter Autoren, unter ihnen Lance Burri, Paul Graham, Rick Esenberg, Tom McMahon und John Hughes. Wichtigste Quelle aber war das noch immer bemerkenswerte Ausmaß an Unsinn, Hohlheit und dummem Geschwätz, das in der Populärkultur ebenso wie im staatlichen Bildungswesen zu finden ist; für die stete Inspiration bin ich auf ewig dankbar.

Ich danke zudem meinen Kollegen bei Journal Broadcast für die anhaltende Unterstützung; sie boten mir die Möglichkeit, eine frühe Fassung dieser Regeln vorzustellen, und halfen, einige der Themen im Rahmen meiner Rundfunksendung und in meinen Kolumnen auszuarbeiten. Ein besonderer Dank geht an meinen Agenten Glen Hartley, der immer an dieses Buch geglaubt hat, und an meinen Lektor bei St. Martin's Press, George Witte, der das Potenzial der vollen fünfzig Regeln erkannte.

Und wie immer danke ich meiner Frau Janet, die mir ständig Ratgeberin und Quelle der Inspiration war. Seit Jahren schon ermutigte sie mich, die ursprünglich 14 Regeln zu erweitern und dieses Buch zu schreiben, das es ohne sie nicht gäbe. Ich weiß nicht, wie ich das je wiedergutmachen soll, aber ich weiß, dass sie jede Menge Ideen und Vorschläge hat, von denen viele mit »remodeling« zu tun haben. Ich liebe dich auf immer.

Einleitung

Als sich der amerikanische Präsident Ronald Reagan nach der Explosion der Raumfähre Challenger an die Nation wandte*, sagte er, diese Tragödie erinnere uns daran, dass »aller menschlicher Fortschritt ein Kampf gegen Widrigkeiten ist. Wir haben erneut erfahren, dass dieses Amerika, das Abraham Lincoln die letzte, beste Hoffnung der Menschen auf Erden genannt hat, auf Heldentum und Opfermut gründet. ... Wir denken zurück an die Pioniere eines früheren Jahrhunderts und an die aufrechten Seelen, die ihre Familien und ihren Besitz nahmen und sich auf den Weg in die noch unbesiedelten Regionen des amerikanischen Westens machten. Oftmals hatten sie dabei mit schrecklicher Mühsal zu kämpfen. Entlang des Oregon Trail findet man noch immer die Grabsteine derer, die unterwegs ihr Leben ließen. Doch die Trauer hat die Überlebenden nur härter werden lassen auf ihrem Weg voran.«

Heldentum? Opfermut? Kampf? Mühsal? Trauer? Was mochte Reagan damit meinen?

Was ist mit Selbstwertgefühl? Selbstverwirklichung? Der Macht einer verschworenen Gruppe?

Ruft jemand bitte den Jugendschutz! Holt bitte ein Kriseninterventionsteam, denn offensichtlich müssen wir unsere Kinder vor derartigen Dingen schützen.

***

---

* Auf der Gedenkveranstaltung am 31. Januar 1986.

Die Situation in Amerika hat sich seit damals verändert.
Irgendwie ist aus einer Nation zuversichtlicher, selbstbewusster
Erwachsener ein Land geworden, an dessen Spitze Menschen stehen,
die glauben, wir müssten unsere Kinder vor solchen Übeln wie Völkerball oder Fangenspielen bewahren.

»Ein Kind mit einer seltenen Krankheit muss vielleicht unter eine
schützende Hülle gesteckt werden«, schrieb Jonathan Yardley einmal, »aber mit dem gesamten amerikanischen System der Grund-
und weiterführenden Schulen so zu verfahren, grenzt an Wahnsinn.
Und doch ist genau das geschehen.«[5]

Das Symbol unserer Zeit ist jedoch weniger eine kokonartige
Schutzhülle (die eine gewisse romantisch science-fictionhafte At-
traktivität ausstrahlt), sondern die viel profanere Schutzfolie. Statt
die Kinder darauf vorzubereiten, dass sie mit den unvermeidlichen
Kratzern, Beulen und blauen Flecken des Größerwerdens fertig werden, beharren unsere heutigen Kinderbeschützer darauf, sie in
Schutzfolie zu packen – und nicht einmal in die Noppenfolie, die
man so schön knallend zerdrücken kann.

Die moderne Schutzhüllenmentalität geht davon aus, Kinder seien
so zerbrechlich und verletzlich, dass sie vor allem von einem isoliert
werden müssen – dem Leben. Keine Niederlagen, keine Enttäuschungen, keine harten Realitäts-Checks. Doch so wie ein Kind, das in einer
Schutzhülle aufwächst, keine Abwehrkräfte gegen die äußere Welt
ausbilden kann, ist ein Kind, das in einer Schutzfolie aufwächst, nicht
auf die Symptome des Lebens vorbereitet: auf Scheitern, auf Frustra-
tion und auf Entscheidungen, die ein wenig härter sind als die Frage,
welche Farbe die neue iPod-Tasche denn haben soll.

In vielerlei Hinsicht haben es Kinder heute so gut wie nie zuvor:
Wir leben in einem Zeitalter des Wohlstands, der Wahlmöglichkeiten, der technologischen Vielfalt und der elterlichen Milde. Wann
hat man sich je mehr um junge Menschen gekümmert, ihnen all

ihre Wünsche erfüllt und sie verwöhnt? Gleichzeitig haben sie es
jedoch auch so übel wie noch nie erwischt, denn selten war eine Generation so schlecht auf die Welt vorbereitet, mit der sie es zu tun
bekommt. Es reicht nicht, dass es uns nicht gelingt, »robuste Individuen« zu schaffen. Wir machen nicht einmal kompetente Erwachsene aus ihnen. Vor ein paar Jahren schrieb Hara Estroff Marano, die
Herausgeberin der Zeitschrift *Psychology Today*, diese verzweifelten
Bemühungen, Kinder vor Beulen zu schützen, würden möglicherweise erklären, warum es in der »Generation Ich« (Jean Twenge) zu
einer Zunahme von Depressionen und anderen seelischen Störungen kommt. »Da sie allein kaum Herausforderungen zu bewältigen
haben, sind die Kinder nicht in der Lage, ihre kreativen Anpassungs-
fähigkeiten an die normalen Wechselfälle des Lebens zu entwickeln.
Das lässt sie nicht nur risikoscheu werden, sondern auch seelisch
labil und von Ängsten geplagt. Im Zuge dessen raubt man ihnen
Identität, Sinn und das Gefühl, etwas geschafft zu haben, ganz zu
schweigen von einem Schuss echten Glücks. Auch Durchhaltevermögen kann man vergessen, das nicht nur eine moralische Tugend
ist, sondern eine notwendige Lebensfertigkeit. All diese Entwicklun-
gen erweisen sich als die immer weiter um sich greifenden psychi-
schen Verwerfungslinien der Jugend des 21. Jahrhunderts. Ob wir es
wollen oder nicht: Wir sind dabei, eine Nation von Schwächlingen
zu schaffen.«[6]

Der Publizist Michael Barone ist der Ansicht, das Land sei heute
gespalten in ein »Hard America«, das vor allem auf Konkurrenz und
Ergebnisse setzt, und ein »Soft America«, das seine Kinder verhät-
schelt und beschützt.[7] Und in der Tat scheint die Kluft zwischen
diesen beiden Amerikas immer größer zu werden.

Das eine Amerika bringt seinen Kindern Verantwortungsbewusst-
sein und Selbstbeherrschung bei. Das andere Amerika strengt Pro-
zesse an und behauptet, die Kinder würden unter »emotionalen

Störungen« leiden, wenn sie aus der Basketballmannschaft rausgeworfen wurden.

Das eine Amerika überwindet Widrigkeiten und erkennt an, dass wir alle mal schlechte Phasen durchlaufen. Das andere Amerika glaubt, Kinder könnten ein Trauma davontragen, wenn ihre Schulaufgaben mit Rotstift korrigiert werden.

Betrachteten die ersten Siedler Amerika noch als strahlende Stadt hoch oben auf dem Hügel, sieht das andere Amerika heute überall die Gefahr, dass man ausrutscht und hinfällt.

In seiner inzwischen zum Klassiker gewordenen *Dienstanweisung für einen Unterteufel* schrieb C.S. Lewis:»Wir richten den modernen Entrüstungsschrei in jeder Generation gegen jene Laster, von denen sie am allerwenigsten zu fürchten hat. Dafür fixieren wir ihre Zustimmung auf jene Tugend, die dem Laster, dem wir die Vorherrschaft geben möchten, am nächsten liegt. Das Spiel besteht darin, alle mit Feuerlöschern umherjagen zu lassen, wenn in Wirklichkeit eine Überschwemmung hereinbricht ... [In] Zeiten der Grausamkeit warnen wir vor Sentimentalität, [in] Zeiten der Weichlichkeit und des Müßigganges vor bürgerlicher Ehrbarkeit, [in] Perioden der Geilheit vor dem Puritanismus.«[8]

Ich vermute, Lewis könnte damit problemlos auch das staatliche Bildungssystem von heute meinen. Zwar gibt es immer mehr handfeste Belege dafür, dass wir eine Generation von blasierten, selbstzufriedenen und verwöhnten Schwächlingen herangezogen haben, die keine Verbindung mehr zur Realität besitzen und nicht auf die Prüfungen vorbereitet sind, welche die Welt für sie bereithält. Doch unzählige Bildungsexperten, Therapeuten, Erziehungsberater, Opferforscher, Bürokraten und Eltern arbeiten noch immer wie besessen daran, den Eigendünkel der jüngeren Generation aufzublasen und ihre Gefühle in Schutzfolie zu packen.

Dieses Buch geht von der Annahme aus, dass genau das Gegenteil vonnöten ist: dass junge Menschen heute nicht noch mehr schwammige, dämliche Patentrezepte brauchen, wie man sich selbst oder das eigene Glück findet, sondern einen Realitäts-Check, der ihnen beibringt, dass das Leben nicht fair ist, dass sie keine automatischen Anrechte haben und dass sich das Leben um ihre Gefühle nicht im Entferntesten so viel schert wie Mama und Papa. Oder anders ausgedrückt: Dieses Buch ist als Gegengift gegen unsere Kultur der Selbstzufriedenheit und Nachgiebigkeit gedacht.

Angesichts all unserer Ängste und panikartigen Befürchtungen in Sachen Kindeserziehung mag es widersprüchlich, ja sogar pervers erscheinen zu behaupten, wir seien bei der Erziehung unserer Kinder selbstgefällig geworden. Doch eine Kultur, die Fragen wie dem Gewicht der Schulranzen, der Hausaufgabenbelastung und dem für das Selbstwertgefühl angeblich so schädlichen Notensystem so viel Zeit widmet wie die unsere, muss einfach schrecklich blasiert gegenüber den wirklich wichtigen Dingen sein. Allein schon die Trivialität unserer Probleme ist Beweis genug, dass wir glauben, wir hätten die wichtigen Dinge ziemlich gut unter Kontrolle.

Doch trotz der goldenen Sterne, die für Fleiß und Mitmachen vergeben werden, und trotz der glücklichen Gesichter zeigt sich immer deutlicher, dass wir weiter zurückfallen, wenn es darum geht, junge Menschen auf die Herausforderungen der künftigen Welt vorzubereiten. In der Mathematik wie in den Naturwissenschaften hinken amerikanische Kinder im Vergleich zu anderen Industriestaaten nach wie vor weit hinterher; und bei den Lesefertigkeiten sowie den Kenntnissen in Geschichte, Staatsbürgerkunde und Geografie schwanken die Leistungen, wie jüngste Untersuchungen zeigen, zwischen peinlich und »Oh, mein Gott!«.

Im Dezember 2005 kam eine Studie über die Lesefertigkeiten von Erwachsenen zu dem Ergebnis, dass die Lesefähigkeit des durchschnittlichen Hochschulabsolventen im vergangenen Jahrzehnt deutlich nachgelassen hat. Weniger als ein Drittel der Hochschulabsolventen schnitt beim jüngsten Test mit »Gut« ab.[9] Einen Monat später, im Januar 2006, gab es erneut schlechte Nachrichten: Eine Untersuchung fand heraus, dass eine Mehrheit der Studenten an vierjährigen Hochschulen nicht dazu in der Lage war, die Argumentation eines Zeitungskommentars zu verstehen oder eine Tabelle mit Angaben zu Blutdruck und körperlicher Bewegung zu interpretieren.[10] Dieselbe Studie kam zu dem Ergebnis, dass nur zwanzig Prozent derjenigen, die eine Hochschule nach vier Jahren abschließen, über »basale quantitative Lesefertigkeiten« verfügten. Konkret hieß das, dass sie »nicht in der Lage waren einzuschätzen, ob ihr Auto noch genügend Benzin hatte, um damit bis zur nächsten Tankstelle zu kommen, oder die Gesamtkosten für eine Bestellung von Büromaterial zu berechnen«.

Obwohl die Wirtschaft, Bildungsfachleute und Politiker vor ungenügenden Fertigkeiten in Mathematik und Naturwissenschaften warnen, scheinen Eltern wie Schüler die Alarmrufe zu überhören. Eine Umfrage ergab 2006, dass die meisten Eltern glauben, der Mathematik- und Naturwissenschaftsunterricht ihrer Kinder reiche völlig aus. Nur die Hälfte der Schüler in mittleren und höheren Schulen war der Ansicht, naturwissenschaftliche oder mathematische Kenntnisse seien »essenziell«, um nach der Hochschule in der wirklichen Welt erfolgreich zu sein.[11]

Aber wie sieht diese Welt ihrer Ansicht nach eigentlich aus? Ist das eine, in der technische Innovationen keine Rolle spielen? Wo man Naturwissenschaften und Mathematik nicht braucht, um gut bezahlte Jobs zu bekommen? Wo man keine Angst vor der Konkurrenz durch Länder haben muss, in denen mehr Wert auf mathematische Fertigkeiten gelegt wird? Wo man komplexe wissenschaftliche Argumentationszusammenhänge etwa über den Klimawandel nicht unbedingt verstehen muss?

Dieser Tsunami der Unwissenheit hat ganz offensichtliche praktische Folgen, wie nicht zuletzt die Diskussionen um den Fachkräftemangel in den Industrieländern zeigen. So kam ein Bericht des amerikanischen Industriellenverbands 2005 zu dem Ergebnis, dass der großen Mehrheit der amerikanischen Unternehmer – neunzig Prozent – qualifizierte, gut ausgebildete Arbeitnehmer fehlen, insbesondere Naturwissenschaftler und Ingenieure. Dieser Mangel an Fertigkeiten, so der Bericht, gefährde die »Fähigkeit des Landes insgesamt, in der globalen Wirtschaft konkurrenzfähig zu bleiben«.[12]

Auf die Frage, ob die zwölfjährigen Schulen des Landes die Schüler gut auf die Arbeitswelt vorbereiteten, antworteten überwältigende 84 Prozent der Unternehmer mit »Nein«. Und da der globale Druck zunimmt, wird der Bedarf der Unternehmen an qualifizierteren und besser ausgebildeten Beschäftigten noch dringlicher werden.

Mit anderen Worten: Das Leben wird noch stärker von Konkurrenzdruck und Wettbewerb geprägt sein als heute.

»Es hat zwangsläufig enorme Konsequenzen, wenn quasi über Nacht drei Milliarden Menschen in die Weltwirtschaft eintreten«, sagte Craig Barrett, der Aufsichtsratsvorsitzende von Intel, »vor allem wenn sie aus drei Gesellschaften (Indien, China und Russland) mit reicher Bildungstradition stammen.«[13]

Das Problem ist jedoch nicht nur, dass es jungen Menschen an den akademischen Fertigkeiten fehlt, um konkurrieren zu können; es gibt zudem jede Menge Anhaltspunkte, dass es ihnen auch an den nötigen Einstellungen und Werten mangelt. »Selbst wenn die Schulen ihrer traditionellen Rolle gerecht werden und die Fertigkeiten in Mathematik, Naturwissenschaften und Lesen verbessern«, so der Bericht des Industriellenverbands, »würde das nichts am wichtigsten und drängendsten Problem der Arbeitgeber ändern – der Notwendigkeit von Präsenz, Pünktlichkeit und Arbeitsmoral.«

Mit anderen Worten: Es geht darum, *am Arbeitsplatz aufzutauchen, die richtige Einstellung mitzubringen und bereit zu sein, hart zu arbeiten.* Das Fehlen dieser grundlegenden Eigenschaften lässt vermuten, dass die Schulen nur eine Teilschuld daran trifft, dass unsere Kinder verblöden; auch die Eltern und die Kultur insgesamt tragen dazu bei, dass eine egozentrische Generation heranwächst, deren Erwartungen so gar nicht zu der Welt passen, in die sie eintreten.

Es reicht deshalb nicht, nur das Bildungssystem zu reformieren; wir müssen auch die Kultur verändern, welche die verdummten Schulen schuf, die so viele Schüler in ihren Fähigkeiten reduzieren. Und ebenso wie das Problem über die Schulen hinausreicht, ist auch der Schaden nicht nur ökonomischer Art. Es wird immer deutlicher, dass die in Schutzfolie gepackte Generation auch mit den anderen großen Herausforderungen des Lebens schwer zurecht kommt, von Beziehungen und persönlicher Verantwortung bis hin zur Unterscheidung von richtig und falsch, die ohne verlässlichen moralischen Kompass ziemlich schwierig ist. Und trotz aller Bemühungen der Erwachsenen, sie unablässig bei Laune und isoliert zu halten, mehren sich die Anzeichen, dass viele junge Menschen zunehmend unglücklich und unzufrieden sind. So berichten Hochschulen, dass sich die mentalen Probleme der Studenten, darunter Depressionen, Angstzustände und Essstörungen, seit Ende der 1980er Jahre deutlich verschlimmert haben.

Für viele Kinder, die in einer Schutzfolie aufwachsen, erweist sich das Leben sowohl als überwältigend wie auch als enttäuschend. Sie wurden mit übermäßig großen Erwartungen und mit Instrumentarien losgeschickt, die völlig ungeeignet sind, die unvermeidlichen Rückschläge und Hürden des Lebens zu bewältigen. Qua Definition können Erwartungen grenzenlos sein, vor allem wenn sie nicht durch die Realität gedämpft werden; insofern sind Enttäuschungen und Entmutigungen unvermeidlich.

Anders gesagt: Dadurch dass er die Köpfe der Kinder mit Wohl-
fühlkram vollgestopft hat, hat der Kuschelunterricht ihr Scheitern
quasi vorprogrammiert – bildungstechnisch, ökonomisch und emo-
tional. Eine Umfrage des Pew Research Center ergab vor Kurzem,
dass die meisten 18- bis 25-Jährigen glauben, wichtigstes Lebensziel
ihrer Generation sei es, reich und berühmt zu werden. Der Aufprall
in der Wirklichkeit wird hart sein für eine Generation, die im falschen Bewusstsein der eigenen Besonderheit und mit völlig unrealistischen Erwartungen aufwuchs.

Wenn all das übermäßig hart klingt, möchte ich mich dafür
entschuldigen. Denn meine Absichten sind konstruktiver Art: Ich
will dazu beitragen, dass aus jungen Menschen verantwortungsbe-
wusste, kompetente, zuversichtliche, selbstbewusste, unabhängige,
realistische Individuen werden, die über die inneren Ressourcen und
Geisteshaltungen verfügen, um dem Unsinn und den Verlockungen
der Welt zu widerstehen, in die sie eintreten werden. Ich habe versucht, die Regeln thematisch anzuordnen, aber man muss sie nicht
eine nach der anderen lesen; zudem gibt es gewisse Überschneidun-
gen. Einige werden wertvoller erscheinen als andere, während wieder andere geradezu beleidigend wirken (vgl. dazu Regel 21: »Du bist
beleidigt? Na und? Nein, im Ernst. Wen interessiert das?«) Durch die
feinsinnigen Flure der modernen Kuschelpädagogik werden jedenfalls ohne Zweifel Schreie der Wut und der Empörung hallen.

Doch wie H. L. Mencken einmal schrieb: »Zu allen Zeiten regt sich
bei zart besaiteten Menschen Protest gegen die Bitterkeit der Kritik,
vor allem der Gesellschaftskritik. Das sind die selben Menschen, die
dann, wenn sie Malaria haben, einen Arzt aufsuchen, der ihnen nicht
Chinin, sondern Marshmellows verschreibt.«[14]

Regel 1

Das Leben ist nicht gerecht.
Gewöhn dich dran.

Der Durchschnittsjugendliche spricht 8,6-mal am Tag davon, etwas sei »nicht fair«. Die Kinder haben das von ihren Eltern, die es so oft sagten, dass sie beschlossen, sie müssten die idealistischste Generation werden, die es je gab. Als die Eltern es dann von ihren eigenen Kindern hörten, kapierten sie Regel 1.

Zu erkennen, dass es im Leben nicht gerecht zugeht, ist ein Realitäts-Check. Wirbelstürme, Tsunamis, Seuchen, Erdbeben und Hungersnöte sind nicht fair. Die Genetik ist nicht fair. Die Guten gewinnen nicht immer. Es ist nicht fair, dass manche Kinder größer sind, früher in die Pubertät kommen oder pfundweise Eis essen können, ohne dick zu werden. Es ist nicht fair, dass der viertklassige unbegabte Durchschnittspromi mehr Geld verdient als alle Mathe- und Naturwissenschaftslehrer an deiner Schule zusammen. Und es ist nicht fair, wenn der minderbemittelte Arschkriecher den tollen Job bekommt.

»Das Leben ist ungerecht«, meinte der Schriftsteller Edward Abbey. »Und es ist nicht gerecht, dass es ungerecht ist.« Du kannst die Ungerechtigkeit der Welt nicht ändern. Was du aber in der Hand hast, ist die Art und Weise, wie du darauf reagierst. Wie du reagierst, wird entscheiden, welche Art von Mensch du wirst. So schreibt der Psychologe Viktor Frankl, der die Konzentrationslager der Nationalsozialisten überlebte, »dass man dem Menschen ... alles nehmen kann, nur nicht: die letzte menschliche Freiheit, sich zu den gegebenen Verhältnissen so oder so einzustellen«.[15]

Gewöhnlich haben Klagen über mangelnde Fairness nichts mit Gerechtigkeit zu tun, sondern sind schlicht und einfach eine Reaktion auf die Erkenntnis, dass man für das eigene Leben Verantwortung übernehmen muss; dass man für sein Handeln verantwortlich ist; dass Entscheidungen Folgen haben; dass man arbeiten muss, um Geld zu verdienen; dass man etwas, was man zerbrochen hat, wieder kitten muss; dass man keine Belohnungen bekommt, die sich andere verdient haben, während man selbst mit der Spielekonsole beschäftigt war. An all dem ist nichts unfair.

Ein Teil des Problems ist: Viele junge Menschen wissen, dass sie etwas Besonderes sind – man hat ihnen das jahrelang erzählt. Sie glauben, sie hätten alle Arten von Selbstverwirklichung verdient und Anspruch auf Vorrechte, die dafür sorgen, dass sie sich in ihrer Haut wohlfühlen. Einige haben sogar den Eindruck, »Streben nach Glück« bedeute letztlich, dass sie sich mit Jessica Alba treffen, bei einer Castingshow gewinnen und einen Porsche fahren. Sie werden sich an Enttäuschungen gewöhnen müssen.

Bis dahin ist es so: Wenn sie nicht alles kriegen, was sie erwarten, erscheint ihnen das ... so ungerecht.

Doch es ist nicht ungerecht, das nicht zu bekommen, was man wollte. Enttäuschung ist ein Symptom des Lebens und kein Zeichen dafür, dass die Welt einen bescheißen will. Der weltweite Hunger ist ungerecht. Aids ist ungerecht. Dass du mit deinem stinkenden T-Shirt nicht mit zum Einkaufen darfst, ist hingegen nicht ungerecht. Dein Anteil am Schuldenberg der Bundesregierung ist ungerecht; nicht ungerecht ist es, wenn du deine Musik leiser drehen sollst, damit andere Leute im Haus schlafen können. Du hast also die Wahl: Du kannst dich einreihen in den Chor der Dauerjammerer oder erkennen, dass du Verantwortung für dein Leben trägst und lernen musst, damit umzugehen.

Leider bereitet die Tatsache, dass man die Kinder jahrelang in Schutzfolie packt, sie nicht gerade darauf vor, mit Ungerechtigkeit umgehen zu können. Freunde werden einen im Stich lassen, gute Menschen werden krank werden, Spitzenathleten werden sich die Knie ramponieren und die größten Idioten werden im Lotto gewinnen, während ein begabter Physiker gleich zu Beginn seiner Laufbahn von einer unheilbaren Krankheit ereilt wird, die ihn zum Krüppel macht und seine Chancen auf ein normales Leben zerstört.

Stephen Hawking wurde nicht im Rollstuhl geboren.[16] Der weltberühmte Physiker war ein lebhaftes Kind, und obwohl er bei Ballspielen nicht gerade eine Eins war, begann er mit dem Rudern, als er mit 17 Jahren an die Universität Oxford ging. Er war dort einer der brillantesten Studenten – und galt schon als Star –, doch in seinem dritten Jahr in Oxford merkte er, dass er immer ungeschickter wurde und gelegentlich sogar ohne jeden Grund stürzte.

Kurz nach seinem 25. Geburtstag wurde er an einen Spezialisten überwiesen, der mit Hilfe vielfältiger medizinischer Tests herauszufinden suchte, was mit Hawking los war. Die Ärzte konnten ihm nicht sagen, was er hatte, außer dass es nicht Multiple Sklerose war. Sie meinten, er würde an einer seltenen Krankheit leiden, die sich verschlimmern werde, und es gebe keine Behandlungsmöglichkeit.

»Die Erkenntnis, dass ich an einer unheilbaren Krankheit litt, die mich in ein paar Jahren mit einiger Wahrscheinlichkeit umbringen würde, war ein ziemlicher Schock«, schrieb Hawking später. »Warum musste so etwas ausgerechnet mir passieren? Warum musste ich auf diese Weise dahingerafft werden?«

Wie konnte das Leben nur so unfair sein?

Doch als er im Krankenhaus lag, erlebte Hawking, wie ein Junge im Bett nebenan an Leukämie starb. »Es gab also eindeutig Menschen, die es noch schlechter erwischt hatten als ich. Mein Zustand war wenigstens so, dass ich mich nicht krank fühlte. Und immer wenn ich die Neigung verspüre, mich selbst zu bemitleiden, denke ich an diesen Jungen.«

Doch es wurde schlimmer. Sein körperlicher Zustand verschlechterte sich immer weiter. Er hatte Alpträume, in denen er hingerichtet wurde, und andere, in denen er sein Leben opferte, um andere zu retten.

»Aber ich starb nicht«, schrieb er. »Tatsächlich war es so: Obwohl über meiner Zukunft dunkle Wolken hingen, merkte ich zu meiner eigenen Überraschung, dass ich das Leben jetzt mehr genoss als früher.« Während sich sein Zustand weiter verschlechterte, wuchs sein wissenschaftlicher Ruhm, und er verlobte sich mit seiner späteren Frau. »Diese Verlobung veränderte mein Leben«, erinnert er sich. »Sie gab mir etwas, wofür es sich zu leben lohnte.«

Ab 1974 war Hawking nicht mehr in der Lage, selbst zu essen oder allein ins bzw. aus dem Bett zu kommen. Dennoch setzte er seine wissenschaftliche Arbeit fort.

Doch 1985 ereilte Hawking ein weiterer Schicksalsschlag. Er bekam eine Lungenentzündung, und um sein Leben zu retten, mussten die Ärzte einen Luftröhrenschnitt vornehmen, wobei die Stimmbänder durchtrennt wurden. Stephen Hawking, der schon so viel durchgemacht hatte, verlor nun auch noch dauerhaft seine Fähigkeit zu sprechen und musste rund um die Uhr betreut werden. Er würde den Rest seines Lebens hilflos im Rollstuhl verbringen müssen.

Eine Zeit lang konnte sich dieser brillante Wissenschaftler nur verständigen, indem er Wörter einzeln buchstabierte und zu diesem Zweck die Augenbrauen hob, wenn jemand auf einer Tafel auf den entsprechenden Buchstaben deutete. Schließlich konnte er für die Kommunikation einen kleinen Computer mit Sprachgenerator benutzen. Damit schrieb er ein Buch, Dutzende wissenschaftlicher Aufsätze und sogar öffentliche Vorträge.

Hawking ist heute der vielleicht berühmteste Physiker. Er hat drei Kinder, einen Enkel und zwölf Ehrendoktorhüte; er ist Mitglied der Royal Society und der amerikanischen Academy of Sciences; und er hat zahlreiche Auszeichnungen, Orden und Preise bekommen.

Auf die Frage, was er über seine Behinderung und die Schicksalsschläge in seinem Leben denke, antwortete er:»Ich mache mir darüber nicht viele Gedanken. Ich versuche so weit wie möglich ein normales Leben zu führen und denke nicht ständig über meine Situation nach oder *trauere den Dingen nach, die ich nicht tun kann, denn so viele sind das gar nicht.*« (Hervorhebung von mir)

Hawking beklagt sich nicht darüber, dass das Leben ungerecht ist. Und wie nehmen sich deine Probleme im Vergleich zu seinen aus?

Regel

2

Die wirkliche Welt kümmert sich nicht so ausgiebig um dein Selbstwertgefühl, wie deine Schule das tut. Sie erwartet von dir, dass du erst etwas leistest, bevor du mit dir zufrieden bist.

Das mag für viele ein Schock sein. Wenn ein überhöhtes Selbstwertgefühl auf die Wirklichkeit trifft, beklagen sich die meisten Kinder, das sei nicht fair (vgl. Regel 1).

Eines Tages wirst du liefern müssen – nicht dein Bestes geben, sondern Ergebnisse liefern. Ob dir das gelingt, hängt von deiner Vorbereitung, von deinen Fertigkeiten und von deiner Zuversicht ab. Im Moment lebst du noch in einer Welt, wo man auf Misserfolg möglicherweise mit einem Achselzucken und beruhigenden Worten reagiert. Doch du wirst in eine Welt eintreten, wo ein Versagen damit beantwortet wird, dass man dir sagt: »Du bist entlassen«, »du wirst zurückgestuft«, »du bist tot«. Deine Mami wird nicht immer zur Stelle sein, und du wirst dich nicht bei einem sehr verständnisvollen Schulberater beschweren können, der über einen Hochschulabschluss in selbstachtungssteigernden Erklärungen verfügt.

Für Heerscharen von Pädagogen, Therapeuten, Beratern und Elternbeiratsmitgliedern, die in ihrem Einführungskurs in Psychologie eine Drei minus bekommen haben, ist »Selbstwertgefühl« mehr als nur ein Mantra – es ist zu einem organisatorischen Grundprinzip geworden, zu einer zwanghaften Fixierung darauf, dass Kinder um jeden Preis ein gutes Gefühl haben, was sie selbst angeht. Die Folge, so der Psychologe Roy F. Baumeister, ist, dass deine Generation mit »unrealistischen Hoffnungen, undisziplinierter Selbstanmaßung und ebenso end- wie grundloser Selbstbeweihräucherung« aufgewachsen ist.

Damit haben wir eine Welt bedeutungsloser goldener Sterne, »Teilnahmeauszeichnungen«, aufgeblasener Zensuren und glücklicher Gesichter angesichts von Leistungen, die üblicherweise als Mist gelten würden. Aber (so die gängige Lehre) wenn wir nicht zu viel fragen und keine zu hohen Erwartungen hegen, wird sich niemand schlecht fühlen. Statt die Kinder auf die Herausforderungen, Rückschläge, Niederlagen, Frustrationen und Triumphe des Lebens vorzubereiten, verpacken wir sie in schützende Folie.

»Wir haben es hier mit einer völlig sterilen Kindheit zu tun, ohne aufgeschlagene Knie oder die gelegentliche Drei in Geschichte«, heißt es in einem Artikel von Hara Estroff Marano in *Psychology Today*, der den Titel »Eine Nation von Schwächlingen« trägt.[17] Diese Wohlfühlmanie bedeute, dass »das Rumsauen sogar auf dem Spielplatz ziemlich aus der Mode ist«.

»Obwohl Versuch und Irrtum die wahren Mütter des Erfolgs sind«, schreibt sie, »sind die Eltern verzweifelt darum bemüht, das Scheitern aus dieser Gleichung zu streichen.« Die gleiche Einstellung erklärt, warum man nicht erwartet, dass du mit etwas scheinbar so harmlosem wie roter Tinte zurechtkommst.

»Rot ist die aggressivste aller Farben und löst den Flucht- oder Angriffsreflex aus«, behauptet ein Pädagoge. »Es stand für Blutver-

gießen oder eine der Farben des Feuers, deshalb wird einem im Gehirn automatisch signalisiert, dass Rot Gefahr bedeutet.«[18] Natürlich
war genau das mit roter Tinte beabsichtigt: Sie war eine Warnung.
Alles, was rot war, sollte deine Aufmerksamkeit wecken und dir
deutlich machen, dass du hier etwas falsch gemacht hast. Doch an
zahlreichen Schulen laufen Bemühungen, die Verwendung von Rotstift bei der Korrektur von Schulaufgaben abzuschaffen – zugunsten
freundlicherer, eher bestärkender und weniger einschüchternder
Farben.[19]

»Rot weckt bestimmte Assoziationen«, meint der Lehrer einer
sechsten Klasse.»Kinder fühlen sich einfach nicht gut dabei.«[20] Hier
kommt Lila ins Spiel; theoretisch wäre dies eine Möglichkeit, den
Schülern zu vermitteln, dass sie etwas verbockt haben, ohne dass sie
sich deswegen schlecht fühlen müssen.

»Sie wollen die Aufmerksamkeit des Kindes gewinnen, wollen aber
gleichzeitig nicht, dass es sich wie ein Versager vorkommt. Lila macht
aufmerksam, ohne einschüchternd zu wirken.« Das ist, als würde
man von einem großen lilafarbenen Dinosaurier umarmt, der einem
sagen will: Du beherrschst zwar die Rechtschreibung überhaupt
nicht, aber das ist schon in Ordnung so.

Natürlich haben die Rotstiftächter eines nicht bedacht: Wenn Lila
zur neuen Korrekturfarbe wird, wird sich kaum verhindern lassen,
dass es sich zur neuen Farbe des zerschmetterten Selbstwertgefühls
entwickelt. Wie sich zeigt, ist das aber im Grunde kein Problem.
Denn »in Wirklichkeit«, so ein Anti-Rotstift-Lehrer,»geht der Trend
dahin, Schularbeiten überhaupt nicht mehr zu korrigieren.«

»Schreiben ist etwas sehr Persönliches. Man will deshalb nicht,
dass sich die Schüler dabei in irgendeiner Weise schlecht fühlen.«
Offensichtlich gehört dazu auch das fürchterliche Trauma, Schüler
darauf hinzuweisen, dass sie unverständliches, grammatisch falsches
Zeug geschrieben haben.

Die Abschaffung des Rotstifts ist somit nur logisch für jemanden, der es für schlimmer hält, wenn die Arbeit eines Kindes mit Rot korrigiert wird, als wenn aus dem Kind ein Erwachsener wird, der seinen Job verliert, weil er keinen zusammenhängenden Satz schreiben kann. Wenn das Schule macht, beschließen möglicherweise Unternehmen, die Aktionäre nicht mehr zu traumatisieren, indem sie ihre Verluste als »rote Zahlen« bezeichnen. Vielleicht verwenden sie stattdessen lieber eine stärker affirmative Farbe wie Gelb oder Braun. Richter könnten zu dem Schluss kommen, dass es zu negativ ist, Verbrecher zu Haftstrafen zu verurteilen und dabei schwarze Roben zu tragen. »Ich verurteile Sie zu zwanzig Jahren Gefängnis, hoffe aber, Sie wissen es zu schätzen, dass ich mich feinfühligerweise lilafarben gekleidet habe.«

Die Bewegung zur Wahrung des Selbstwertgefühls ignoriert jedenfalls die Realität, wonach Kinder lernen, sich gut zu fühlen, indem sie tatsächlich Fertigkeiten erwerben: Das Ganze nennt man Selbstvertrauen. Frag dich selbst einmal, ob es besser ist, angesichts deiner Schwimmfertigkeiten ein gutes Gefühl zu haben oder wirklich zu wissen, wie man schwimmt.

In Kanada wurde anlässlich eines Schwimmkurses des Roten Kreuzes den Eltern netterweise versichert, dass dabei eine einfühlsame und ganzheitliche Sicht des Schwimmens zum Tragen komme: »Wir bekennen uns dazu, dass sich die körperlichen Fähigkeiten von Kindern unterschiedlich entwickeln, und *der Kurs wird den Schwerpunkt deshalb auf den Erfolg der Teilnehmer legen und weniger auf Bereiche, die es noch zu verbessern gilt.*« (Hervorhebung von mir)

Das ließ bei einer Mutter die Alarmglocken schrillen: »Entschuldigung, liebe Leute vom Roten Kreuz, aber wie sollen meine Kinder ihre Schwimmfertigkeiten verbessern, wenn Sie sich nur auf ihre früheren Erfolge konzentrieren wollen und nicht auf die Bereiche, die es zu verbessern gilt. ›Johnny, wir werden nicht daran arbeiten, dass du länger Wasser treten kannst [was möglicherweise von Nutzen sein könnte, wenn Klein-Johnny im Sommer beim Bootsausflug auf dem See ins Wasser fällt]. Stattdessen wollen wir dir dazu gratulieren, dass du dir letzte Woche so toll das Gesicht nass gemacht und so wunderbar rhythmisch geatmet hast.‹ Ich war der Meinung, ich hätte meine Kinder zum Schwimmunterricht angemeldet, aber es klingt, als sei dem Roten Kreuz eher daran gelegen, ihr Selbstwertgefühl zu stärken. Niemand beim Roten Kreuz … scheint bemerkt zu haben, dass Kinder haufenweise Selbstvertrauen – das von innen kommt, anders als das Selbstwertgefühl, das eher von außen an die Kinder herangetragen wird – daraus beziehen, wenn sie auf einem Feld merkliche Fortschritte machen. Und zwar eigenständig! Ohne goldene Sterne oder Abzeichen an jeder Ecke!«[21]

Mehr und mehr spricht dafür, dass diese Obsession in Sachen Selbstwertgefühl keiner besonders tief reichenden Einsicht in menschliches Verhalten entspricht. Es handelt sich vielmehr um eine ziemlich törichte Vorstellung, die als vorübergehende Modeerscheinung von Menschen übernommen wird, die früher Schlangenöl kauften und Mondgestein nachmachten. Sie kann sich jedenfalls nicht auf wissenschaftliche Befunde oder Erfahrungswerte stützen. So kamen vier Wissenschaftler vor einigen Jahren in einem Beitrag für *Spektrum der Wissenschaft* zu dem ernüchternden Schluss: Trotz des manischen Bemühens, dass Kinder sich gut fühlen, führte dieses Selbstbewusstsein nicht zu akademischem Erfolg, heilte keine der zentralen Störungen und verhinderte schlechtes Verhalten nicht.[22]

Andere Autoren verweisen auf Folgendes:»Hochschulabbrecher, Ladendiebe, Einbrecher, Autodiebe und sogar Mörder verfügen mit der gleichen Wahrscheinlichkeit über ein ausgeprägtes Selbstwert-

gefühl wie Elitestipendiaten oder Träger von Ehrenmedaillen«.[23]
Wieder andere Untersuchungen haben beispielsweise gezeigt, dass
die »kleinen Despoten ... sich als selbstsicherer und weniger ängst-
lich [erwiesen] als andere Kinder«.[24] Die Wirklichkeit sieht so aus: Eine Bewegung, die eine Generation
gut angepasster, introspektiver Individuen heranziehen wollte, hat
stattdessen dazu beigetragen, haufenweise mit sich selbst beschäf-
tigte, in ständiger Nabelschau begriffene Narzissten zu erzeugen,
die oftmals nicht in der Lage sind, mit den Rückschlägen des normalen Alltagslebens fertig zu werden. Die ständige Zufuhr von »Ich
mag mich selbst, weil« kann zu einer Generation selbstgefälliger,
arroganter, höchst empfindlicher Kinder führen, die ein überstei-
gertes Gefühl für die eigenen Fähigkeiten und den eigenen Wert
aufweisen, aber nicht darauf vorbereitet sind, mit Widrigkeiten zu-
rechtzukommen. Interessanterweise haben die »Fachleute« das zu
keiner Zeit kommen sehen. Doch eine Untersuchung wies mit be-
merkenswertem Understatement darauf hin, dass »Menschen, die
gehobene oder übersteigerte Vorstellungen von sich selbst haben,
dazu neigen, sich anderen Menschen zu entfremden«.[25] Möglicherweise deshalb, weil sie arrogante Schnösel sind.

Regel

Du wirst leider nicht schon im ersten Jahr nach deinem Schulabschluss ein jährliches Gehalt von 80 000 Euro beziehen. Und du wirst weder stellvertretender Geschäftsführer sein noch einen Dienstwagen fahren. Möglicherweise musst du sogar eine Uniform tragen, die nicht von einem der angesagten Modedesigner stammt.

Möglicherweise hast du den Eindruck, dass dein neuer Arbeitgeber sich selbst auf die Schulter klopft vor lauter Glück, einen so besonderen Arbeitnehmer wie dich gefunden zu haben, eine Art Gottesgeschenk für die Arbeitswelt.

Viel eher wird er vermutlich fragen: »Was zum Teufel ...?«

»Wir erleben eine wahre Flut an Menschen, die sich schwer damit tun, den Übergang in die Arbeitswelt zu finden, an Kindern, die schon früh im Leben zu viel Erfolg hatten und sich an unmittelbare Belohnung gewöhnt haben«, sagt Dr. Mel Levine, Professor für Pädiatrie an der University of North Carolina.[26] Das Aufeinanderprallen von unrealistischen Erwartungen und der Wirklichkeit des Arbeitsplatzes, so berichtet der Christian Science Monitor, hat dazu geführt, dass eine zunehmende Zahl von College-Absolventen »Lebensberater« aufsucht, wenn sie nicht »sofort das gute Leben gefunden haben«.[27]

Ein enttäuschter Schulabgänger erklärte, er habe Geld für ein
»Lebensberatungsseminar« ausgegeben, denn »die Dinge haben sich
nicht so entwickelt, wie ich das geplant hatte, und das hat mir in
gewisser Weise die Augen geöffnet«. Er hatte einen Marketingjob
beim Radio angenommen, dann aber wieder gekündigt, weil er
nicht so schnell wie erwartet vorankam. Nein, man hat ihn dort nach
sechs Monaten nicht zum stellvertretenden Programmchef gemacht,
was für ihn inakzeptabel war und gleichzeitig Ängste wachrief.
Daher der Besuch bei den Lebensberatern.

Jemandem »Fertigkeiten fürs Leben« beizubringen war ursprünglich natürlich Sache der Eltern und Lehrer … Genau darum ging es
ja bei der Kindeserziehung und in 16 Jahren Kindergarten und
Schule. Doch das Anwachsen der Lebensberaterindustrie lässt vermuten, dass da unterwegs etwas verloren gegangen ist.

»Diese Gruppe verträgt keine harten Schläge«, erklärt Trudy Sopp,
Gründerin eines Zentrums für Organisationseffektivität. »Es überrascht mich nicht, dass sie Rat suchen, denn sie haben nicht viel
Erfahrung.« Dazu würde die Erfahrung gehören, eigene Entscheidungen zu treffen, objektive Ziele zu erreichen, mit Höherstehen-
den umzugehen, ein ehrliches Feedback über die erbrachte oder
mangelnde Leistung zu bekommen sowie auf Widerstände zu treffen und sie zu überwinden. »Man erklärt ihnen, sie sollten die Welt
erobern, ihre Träume leben, aber man macht ihnen nicht klar, dass
sie auch ganz banale Herausforderungen zu gewärtigen haben.«[28]

Was sie aber haben, sind Erwartungen. »Schon in der ersten Woche, die sie da sind, wollen und erwarten sie offenbar all das, was
einer hat, der schon zwanzig oder dreißig Jahre dabei ist«, weiß ein
Hotelier zu berichten.

Sie bekommen es nicht. Stattdessen beklagen sich die Arbeitgeber
über das Fehlen »grundlegender Beschäftigungsfähigkeiten« wie
Arbeitsmoral, pünktliches Erscheinen oder dass sie überhaupt am

Arbeitsplatz auftauchen. Das dürfte vermutlich keine Überraschung
sein, denn das pädagogische Personal ist an der Unterrichtung solcher Fertigkeiten oftmals ungefähr genauso interessiert wie daran,
dass Lehrer in den Sommerferien arbeiten oder sich für bestimmte
Dinge selbst versichern müssen.

Das Meinungsforschungsinstitut Public Agenda fand heraus, dass
nur 37 Prozent aller Pädagogikprofessoren – also derjenigen, die für
die Berufsvorbereitung junger Lehrer verantwortlich sind – der Meinung waren, die Wahrung von Disziplin und Ordnung im Klassenzimmer sei »absolut wichtig«. Doch es kommt noch schlimmer. Nur
19 Prozent hielten es für wichtig, Wert auf Grammatik, Rechtschreibung und Zeichensetzung zu legen, und gar nur zwölf Prozent
waren der Ansicht, dass es für angehende Lehrer wichtig sei, von den
Kindern Pünktlichkeit und Freundlichkeit zu erwarten.[29]

Und was man jungen Lehrern nicht beibringt, das lernen sie nim-
mermehr und erwarten es auch nicht von ihren eigenen Schülern,
und deshalb ist der Übergang in die Arbeitswelt für alle Beteiligten
oftmals eine so schmerzliche Überraschung. »Wir sind überrascht,
dass wir für unser Geld arbeiten müssen«, bekannte ein 24 Jahre alter
Autor gegenüber der Zeitung *USA Today*.[30]

Willkommen im Leben, kann man da nur sagen.

Regel

Du hast kein Anrecht ...

... auf einen 42-Zoll-Plasma-Fernseher mit Dolby Surround, einen Porsche Boxter, einen Video-iPod, ein Handy mit unbegrenzten SMS und Bluetooth, eine Eigentumswohnung mit Pool, ein Laptop, einen digitalen Videorekorder, einen doppelten Latte Macchiato mit Sahne, einen Ferrari oder die neuesten Laufschuhe von Nike.

Ebenso wenig hast du ein Anrecht auf alles, was deine Eltern haben, oder auf alles, was du im Fernsehen oder in Zeitschriften siehst. Für all das wirst du arbeiten müssen. Und dann rechnen, wie du's am besten bezahlst.

Für Angehörige der Generation Ich, die ihre Tipps in Sachen Lifestyle von MTV bekommen und zu einer modernen Heranwachsenden-Aristokratie des Wohlstands ohne Verantwortung geworden sind, mag das ein schwerer Schock sein.

Der Publizist James Stenson beschreibt eine Szene am Hof von Versailles am Vorabend der Französischen Revolution: »Junge Adlige

bummeln ziellos umher oder lungern herum, sie wirken wie gelang-
weilte Kinder auf der Suche nach Vergnügung. Sie zahlen keine Steuern und übernehmen keine wirkliche soziale Verantwortung; ihr
einziger Nutzen für die Gesellschaft besteht darin, dass sie nicht
selbst verdientes Einkommen ausgeben. Sie leben fern der drängen-
den sozialen, politischen und wirtschaftlichen Probleme des Alltags.
Wann immer sie wollen, haben sie Zugang zu Essen, Trinken, musi-
kalischer Unterhaltung, Spielen und Vergnügungen. Aber auch
Drogen und wechselnde Sexualpartner bekommen sie fast unge-
hindert. Beide Geschlechter tragen ins Auge fallende Frisuren und
farbige Kleider, die sie mit teuren Edelsteinen schmücken. Einige
von ihnen machen sich auf ironische Weise lustig über die Kleidung
der Arbeiterklasse, die sie ebenfalls mit Schmuck aus Gold und Silber
versehen. Ihre beiläufigen Gespräche, die immer wieder in kindi-
sches Gelächter münden, kreisen um vergangene oder kommende
Tänze, Konzerte und Partys. Sie tratschen auch über die Kleidung,
Macken und Sexualpartner der anderen. Wenn man ihr Geschnatter
hört, könnte man meinen, wirkliche Angst haben sie einzig und
allein vor gesellschaftlicher Ächtung, vor dem Altern, vor Geschlechtskrankheiten und vor Langerweile.«

Stenson weist darauf hin,»dass dieses Bild vom Leben der kleinen
Elite der reichsten Schichten auch die Mittagspause an den meisten
großen Highschools in den Speckgürteln der großen Städte be-
schreiben könnte – oder einen Samstagnachmittag in den meisten
vorstädtischen Einkaufszentren der USA oder einen milden Früh-
lingsnachmittag auf einem Hochschulcampus«.[31]

Mit dem Unterschied, dass du heute natürlich Kreditkarten hast
bzw., dass die Tatsache, dass du noch keine hast, zum Problem wird.
Trotz deiner enormen Kenntnis in Sachen Mode, Technik und Lifestyle führt das Aufeinanderprallen des Anspruchsdenkens deiner

Generation mit deren absoluten Unkenntnis darüber, wie die Sache mit dem Geld tatsächlich funktioniert, ordentlich in den Schlamassel. Schätzungen zufolge geben Jugendliche 190 Milliarden US-Dollar aus; in Deutschland haben Kinder und Jugendliche monatlich rund zehn Milliarden Euro zur Verfügung[32] – das ist mehr als das Bruttoinlandsprodukt vieler Länder, wo die Menschen arbeiten gehen müssen, um Geld zu verdienen. Der Großteil des Geldes, das Teenager ausgeben, kommt von Mama und Papa. 58 Prozent der Jugendlichen zwischen zwölf und 17 Jahren sagen, sie bekämen ihr Geld von den Eltern; nur 21 Prozent geben an, sie hätten einen Teilzeitjob. (Mädchen setzen dabei noch stärker auf die unerschöpflichen heimischen Geldquellen: 68 Prozent sagen, sie bekämen ihr Geld von den Eltern.)[33]

Doch Mama und Papa werden nicht immer zur Stelle sein, um die Rechnung zu bezahlen. »Wir haben es mit einer Generation zu tun, die nur eine hauchdünne Fehlertoleranz hat«, behauptet Robert D. Manning, Autor eines Buches mit dem Titel Credit Card Nation. Das Problem ist, dass du all das Zeug, das du dir einbildest, haben willst, ohne dafür bezahlen zu können. Am Ende deines Studiums bekommst du ein Diplom und eine ganze Reihe an Rechnungen. Die Business Week meldete 2005, die durchschnittliche Verschuldung von Hochschulabsolventen sei 2004 im Vergleich zu 1993 um über 66 Prozent gestiegen.[34]

Trotzdem stecken deine Kumpels nicht zurück, denn das würde bedeuten, zu verzichten, die Belohnung hinauszuschieben, aus einer Kultur herauszufallen, an die man sich gewöhnt hat. »Mein Lebensstil war ein wenig jenseits des Vertretbaren«, bekannte eine schuldengeplagte Hochschulabsolventin, denn »ich glaubte, so leben zu können, wie meine Eltern mich aufgezogen haben«.[35] Diese Eltern hatten natürlich jahrelang gearbeitet, um diesen Lebensstandard zu erreichen. Deren Tochter erwartete das gleich nach dem Studium und musste erfahren, dass selbst ein Hochschulabschluss sie nicht gegen eine zunehmend wettbewerbsorientierte Weltwirtschaft immun machte. Was folgte, waren Enttäuschung und Schulden. Frühere Generationen wussten um das »Micawber-Prinzip«, das nach der gleichnamigen Figur in Charles Dickens' Roman David Copperfield benannt ist. Mr. Micawber bringt es folgendermaßen auf den Punkt: »Jährliches Einkommen 20 Pfund. Jährliche Ausgabe 19 Pfund 19 Schilling 6 Pence. Fazit: Glück. Jährliches Einkommen 20 Pfund. Jährliche Ausgabe 20 Pfund und 6 Pence. Fazit: Elend.«

Für deine Generation ist das aber offenbar eine Überraschung. Eine Untersuchung kam 2006 zu dem Ergebnis, dass Abiturienten bei einem Grundwissentest in Sachen Finanzen eine solide Sechs bekämen.[36] Selbst wohlwollend betrachtet und mit Lila- statt Rotstift korrigiert, legt das Ergebnis nahe, dass in Gelddingen eine fast schon militante Unkenntnis herrscht. So wussten die Schulabgänger beispielsweise weder, welche Anlageformen langfristig die besten Erträge abwerfen, noch, welche Unterschiede zwischen staatlicher, privater und betrieblicher Rente bestehen.

Wahrscheinlich muss man dir auch erklären, dass es so etwas wie Sozialabgaben gibt, wenn du plötzlich merkst, dass dir von deinem Bruttogehalt so einiges abgezogen wird. Und nein, dieses Geld wirst du vermutlich nicht zurückbekommen.

Regel

5

Ganz egal, was dein Papi sagt, du bist keine Prinzessin ...

... selbst wenn dein Vater eine Riesenparty zu deinem 16. Geburtstag schmeißt mit Limousinen, einem Einkaufstrip nach Paris, Kaviar, Gänseleberpastete, Shrimps, Vasen voller Hortensien, Chicken Wings, Ballkleidern, Videoaufnahmen, Livebands und einem teuren neuen Auto als Geschenk.

Die Zeitung USA Today befasste sich vor einiger Zeit mit der Frage, wie sehr Kinder von ihren Eltern verwöhnt werden, und berichtete in diesem Zusammenhang von der wachsenden Popularität von Teenagerpartys, die einen fünf- oder gar sechsstelligen Betrag kosten, unter anderem von einer 40 000 Dollar teuren Party in Phoenix (Arizona), bei der ein ganzer Hinterhof in eine Sporthalle verwandelt wurde – inklusive Parkettboden, Tribünen und Basketballkörben.[37] »Ich fühle mich wie eine Prinzessin«, erzählte begeistert eine andere 16-Jährige, deren Party im New Yorker Waldorf-Astoria-Hotel stattfand. Ein Partyveranstalter erklärte der Zeitung, die üppigsten Partys

würden üblicherweise von Eltern geschmissen, die selbst als Kind
nicht reich waren, aber jetzt »ihrem Kind etwas bieten wollen«. Und
sie bieten ihnen gleich ordentlich was.

In einer populären MTV-Show, die dem Party-Zirkus der ganzen
16-Jährigen gewidmet ist, erklärte eine verwöhnte Highschool-
Schülerin nicht nur, dass sie »eine Prinzessin« sei, sondern gab auch
folgende Ansichten zum Besten:

»Ich bin ein solcher Rockstar, dass ich das kann.«

»So viele Menschen sind neidisch auf mich, weil mein Vater drei
Autohäuser besitzt und wir eine Menge Geld haben.«

Und natürlich: »Ich kriege immer genau das, was ich will.«

Die üppigen Partys sind inzwischen so beliebt, dass die Hyatt-
Hotels 2006 ein spezielles Angebot namens »HyaTTeen Suite 16«
präsentierten, um bei den verhätschelten Prinzessinnen und ihren
spendablen Eltern abzusahnen.[38] Hyatt warb für die »ultimative
Sweet 16 Sleepover Party« in Hotelanlagen in den USA, auf Hawaii
und in der Karibik und erklärte, man reagiere damit auf einen
»Trend in Richtung einzigartiger ›Erwachsenwerden-Partys‹ zu bestimmten wichtigen Anlässen« – wie etwa dem 16. Geburtstag – für
Kinder, für die eine ganz normale Party mit Kuchen und Eis unerträglich langweilig wäre. Das Standardpaket »Suite 16« umfasst dabei:

- Beratung durch eine Geburtstagsconcierge
- eine Übernachtung in luxuriösen Zweibett-Suiten für bis zu zwei
  Erwachsene und sechs Gäste unter 18 Jahren
- Limousinenservice zum und vom Hotel bis zu einer Entfernung
  von dreißig Meilen
- ein flauschiger Kaschmir-Bademantel für das Geburtstagskind
- Einsatz einer Digitalkamera während des Hotelaufenthalts und
  ein gerahmtes Erinnerungsbild zum Mitnehmen für das Geburtstagskind

- Abendessen für acht Personen, das auf dem Zimmer serviert wird
- spezielles Geburtstagsdessert
- unbegrenzt Popcorn und Süßigkeiten
- Filmnacht auf dem Zimmer
- Auswahl an verschiedenen Gesellschaftsspielen im Zimmer
- Frühstück für acht Personen, das am Tag der Abreise aufs Zimmer serviert wird.

All das, so lässt die Hyatt-Gruppe wissen, sei für den kritischen, anspruchsvollen Teenager gedacht, der »Wert auf einzigartige Reiseerfahrungen legt, die auf seine Vorlieben zugeschnitten sind«. Man vermeidet sorgfältig alle urteilenden Wendungen und bedient sich stattdessen kultureller Modewörter, um diese Exzesse zu verbrämen. »Das neue Paket«, so das Pressebüro von Hyatt, »*versetzt Teenager* – eine neue Zielgruppe der Hyatt Resorts – *in die Lage* [empowers teens], *ihre Unabhängigkeit zu demonstrieren* und ihren Geburtstag mit einer Reihe von Fun-Aktivitäten – von Schokoladenmaniküre bis hin zu Surfstunden – zusammen mit ihren besten Freunden zu begehen«. (Hervorhebung von mir)

Es dürfte mit einiger Wahrscheinlichkeit das erste Mal sein, dass eine Schokoladenmaniküre als »empowering« bezeichnet wird. Doch selbst dieses Psychogeschwätz verblasst angesichts der Behauptung, wenn Papa Tausende von Dollar für eine üppige Party zahlt, biete das den Teenagern die Möglichkeit, ihre Unabhängigkeit zu demonstrieren. Einst demonstrierten Jugendliche ihre Unabhängigkeit dadurch, dass sie unerträglich laute Musik hörten, gegen den Krieg protestierten oder auch mal einen Job bekamen. Heute tun sie es also, indem sie eine Gesichtsbehandlung bekommen und damit Papis Gold Card belasten. *Vive la révolution!*

Natürlich legt all das die Latte für die Möchtegernprinzessinnen schrecklich hoch. Wenn sie das schon mit 16 bei einer Geburtstagsparty erwarten dürfen, was wird dann erst bei ihrer Abiturfeier los sein? Bei ihrem Hochschulabschluss? Bei ihrer Hochzeit? Bei ihren Flitterwochen? Beim ersten Baby? Bei runden Geburtstagen?

Die Prinzessin sollte also besser darauf hoffen, dass (1) ihre Eltern entweder weiter die Rechnungen bezahlen oder ihr testamentarisch eine ordentliche Ladung Geld hinterlassen; (2) sie heiratstechnisch eine sehr, sehr gute Partie macht; (3) sie im Lotto gewinnt; oder (4) sie ein Unternehmen gründet, das eine Lösung für den Klimawandel findet, ein Heilmittel für Krebs oder eine Erklärung dafür, warum Britney Spears Kevin Federline geheiratet hat. Andernfalls ist das Leben höchstwahrscheinlich eine ziemliche Enttäuschung.

Man stelle sich beispielsweise vor, was für eine 16-Jährige namens Marissa in Aussicht steht, die jüngst auf MTV zu sehen war.[39] Obwohl Marissa gerade einmal auf der örtlichen Gemeindebühne aufgetreten ist, beschäftigen ihre Eltern für sie ein zwölfköpfiges Team: einen Manager, einen Öffentlichkeitsarbeiter, einen Stimmtrainer, eine Visagistin, eine »Hairstylistin« (»bereit, zu jeder Zeit überallhin zu düsen«), einen Webmaster (welche moderne Prinzessin kommt schon ohne eigene Website aus?), einen Fotografen, zwei Schauspieltrainer und einen »Typen, der sich auf einem Aufnahmegerät Marissas Summen anhört und die Musik dann zu Papier bringt«.

»Sie ist verwöhnt«, weiß ihre Mami, »aber hoffentlich ist sie mit gutem Grund verwöhnt.« Das bezieht sich möglicherweise auf den grundlegenden Einfluss des Whirlpools in ihrem Prinzessinnen-Schlafzimmer oder auf »das glitzernde Schminktischchen, die Chanel-Kosmetiktäschchen und all die Tücher, die um ihr Bett drapiert sind und die den Eindruck einer ›schlafenden Schönheit‹ erwecken sollen«.

Ihre Arbeitsethik – was sie tun muss, um ihren Vater dazu zu bringen, ihr alles zu bezahlen – beschreibt Marissa folgendermaßen: »Weißt du, ich klimpere einfach mit den Augen, lächle und bin richtig süß, das ist die einzige Möglichkeit, um alles zu kriegen.«[40]

In der MTV-Sendung, in der es um ihre Party ging, schwärmte Marissa:»Ich weiß, diese Party kostet über 150 000 Dollar. Mein Daddy verwöhnt mich einfach gerne, und er ist eben der Ansicht, dass ich es wert bin.«

Eines Tages wird sie vielleicht merken, dass nicht jeder Daddys Meinung teilt.

Regel

6

Nein, du kannst nicht alles sein, wovon du träumst …

… es sei denn, du hast Talent, die richtige Ausbildung und die Bereitschaft, dafür zu arbeiten.

Trotz der fast unablässigen Mantras der Selbstwertbeschwörer wirst du nicht zwangsläufig zum Werbefachmann in eigener Sache werden oder deinem Glück folgen. Erbanlagen, Bemühen, Stehvermögen, Intelligenz und Bildung spielen allesamt eine Rolle bei der Bestimmung dessen, was für dich möglich ist. Ich selbst bin ein Holzklotz, und noch so viel praktische Übung oder Bemühung hätte aus mir keinen Balletttänzer gemacht. Wer keine Tonhöhen hört, wird nicht die nächste Christina Aguilera oder Jewel sein; wer mit einer Sehschwäche auf die Welt kam, wird vermutlich kein Kampfpilot werden. Nicht jeder, der Elitesoldat werden will, wird auch angenommen; und nicht jeder, der von einem Dasein als Arzt träumt, wird – oder kann – es schaffen.

Das ist eigentlich eine Selbstverständlichkeit, aber die Mantras sorgen auch für falsche Erwartungen und für das Gefühl, das Leben sei ungerecht, wenn die Realität zum Tragen kommt. Im Vergleich zu den Möglichkeiten, die du in früheren Zeiten gehabt hättest, hast du heute fast unbegrenzte Wahlmöglichkeiten ... es gibt keine gesellschaftlichen Klassenschranken, Kastensysteme oder (ganz allgemein) familiäre Verpflichtungen, die deinen Lebensweg vorschreiben.

Doch Schüler, die den Biologie- und Chemieunterricht schwänzen und ihre Hausaufgaben nicht machen, hegen offenbar immer noch die Vorstellung, sie könnten Kardiologen werden, solange es nur ihr Traumberuf ist. Das wird nicht passieren.

Schüler, die schlecht in Mathe sind, werden keine Ingenieure, und Kinder, die mit Naturwissenschaften nichts anfangen können, werden in der IT-Branche nicht gerade mit offenen Armen empfangen werden.

Dennoch könnte das Geschwätz von »Träumen« erklären, warum zwischen den Ambitionen so vieler junger Leute und ihren tatsächlichen Fähigkeiten, Einstellungen und Bemühungen eine so bemerkenswerte Kluft besteht.

Leider scheinen die meisten Eltern und Schüler das nicht wahrhaben zu wollen.

Eine Umfrage kam 2003 zu dem Ergebnis, dass Schüler, Eltern und Lehrer glaubten, mit dem Highschool-Abschluss sei man auf die Arbeitswelt vorbereitet. 67 Prozent der Eltern waren sicher, ihr kleiner Tom oder Kevin besitze die Fähigkeiten, um am Arbeitsplatz erfolgreich zu sein; 78 Prozent der Lehrer waren ebenfalls der Meinung, die Absolventen seien bereit fürs Berufsleben. Wenn dem nur so wäre.

Weniger als die Hälfte der befragten Arbeitgeber – 41 Prozent – sagte, die jungen Leute, mit denen sie zu tun hätten, würden über diese Fertigkeiten verfügen.[41]

Die gleiche Studie kam auch zu dem Ergebnis, dass 67 Prozent der
Eltern, 77 Prozent der Lehrer und 73 Prozent der Schüler an Highschools der Ansicht waren, ein Highschool-Abschluss bedeute, dass
die Absolventen über Grundfertigkeiten verfügten.

Doch die weit überwiegende Zahl der Arbeitgeber, die diese Absolventen einstellen, und der Professoren, die sie unterrichten,
lächelt nur müde über diese Vorstellung. Mehr als zwei Drittel der
Hochschullehrer – 68 Prozent – und 58 Prozent der Arbeitgeber
vertraten die Ansicht, das Abschlusszeugnis garantiere keineswegs,
dass die Schüler auch nur über grundlegende akademische Fähigkeiten verfügen.

Also träume weiterhin auf alle Fälle von großen Dingen, aber be-
denke, dass dein Erfolg nicht von deinen Träumen bestimmt sein
wird, sondern von deiner harten Arbeit, von deinem Bemühen und
deinem Durchhaltevermögen.

Regel 7

Wenn du glaubst, dein Lehrer sei streng,
dann warte, bis du erst einen Chef hast.
Der hat keine Beamtenstelle auf Lebenszeit
und wird deshalb ein bisschen nervöser
sein. Wenn du etwas verbockst, wird er
dich nicht fragen, wie du dich dabei fühlst.

Nur wenige Jobs fördern die Entwicklung der eigenen Persönlichkeit oder helfen bei der Selbstfindung. Und noch weniger führen zur Selbstverwirklichung.

Wir haben alles über die ausbeuterischen Härten gehört, die Kinder heutzutage durchmachen müssen: den furchtbaren Stress, die schrecklichen Ängste, die bedrückende Bürde der Hausaufgaben, schwere Schulranzen, das Trauma, die Jeans vom letzten Jahr tragen zu müssen. Jetzt aber mal langsam. Solange du nicht kurz davorstehst, über Afghanistan aus einem Flugzeug zu springen, will niemand etwas von deinem schweren Ranzen wissen; und denk dran: Die Jungs, die aus Flugzeugen springen, sind die Letzten, die jammern.

Im Jahr 2003 überprüfte die Brookings Institution die Vorstellung, amerikanische Schulkinder würden unter einer wachsenden Hausaufgabenbelastung leiden, die ihnen ihre Kindheit stehle. Die angebliche Krise wurde in allen Medien breitgetreten, und *Newsweek* widmete ihr sogar eine Titelgeschichte.

Doch wie sich zeigte, waren fast alle Geschichten zu diesem Thema falsch. In Wirklichkeit verbrachte die große Mehrheit der Schüler aller Klassenstufen weniger als eine Stunde am Tag mit Lernen.[42] Das entspricht in etwa einem Viertel der Zeit, die sie damit zubringen, sich gegenseitig wichtige SMS à la »Ich weiß nicht, was willst du heute Abend machen?« zu schicken.

Schon 1997 war eine Studie von Public Agenda zu der Ansicht gelangt, unsere Schulen seien nun wahrlich keine Menschenschinder: Die Hälfte der befragten Teenager erklärte, ihre Schulen würden sie nicht so fordern, dass sie ihr Bestes geben müssten. 79 Prozent sagten, sie würden »mehr lernen, wenn die Schulen dazu verpflichten würden, die Hausaufgaben rechtzeitig fertig zu haben«.

So erklärte ein Jugendlicher:»Man kann sich einfach durchmogeln. Man kann kurz vor der Stunde noch schnell die Hausaufgabe von jemand anderem abschreiben. Ich meine, man kann machen, was man will ... Und am Ende bekommt man auf alle Fälle sein Abschlusszeugnis.«[43]

Aber Vorsicht: Das wird sich alles ändern, wenn nicht an der Hochschule, dann am Arbeitsplatz, wo dein neuer Chef bereits schlechte Laune hat. Denn dein Chef hat seinerseits einen Vorgesetzten, der Ergebnisse erwartet. Und der Konkurrenzdruck wird immer größer. Du konkurrierst nicht mit Kindern aus Oldenburg oder Neustrelitz, sondern mit Hochschulabsolventen aus Singapur, China, Thailand und Russland, die nicht nächtelang wach lagen und über das Trauma nachgrübelten, dass ihre Schulaufgaben mit Rotstift korrigiert waren.

Dein Chef wird dir somit höchstwahrscheinlich – anders als dein Lehrer – nicht so viel Zeit geben, wie du brauchst, um deine Arbeit hinzubekommen; und er wird dir nicht mittels Schaubild oder Ausdruckstanz beibringen, wie man einen Schriftsatz verfasst, einen Verkaufsabschluss tätigt oder eine Sache rechtzeitig hinbekommt.

Einer der Unterschiede zwischen der weichen Welt, in der du den Großteil deines Lebens verbracht hast, und der harten Wirklichkeit, der du dich eines Tages gegenübersehen wirst, ist die unkündbare Festanstellung, was grundsätzlich bedeutet, dass du nicht entlassen werden kannst, ganz egal wie schlecht du deine Arbeit machst oder wie mickrig deine Produkte sind.

Ein ehemaliger Bildungsminister hat beobachtet, dass die Konsequenzen nachhaltiger ausfallen, wenn man schlechte Hamburger serviert, als wenn man Tausende von Kindern falsch erzieht. In einigen Großstadtschulen können weniger als zehn Prozent der Schüler ihrer Altersstufe entsprechend lesen. Kein einziger Erwachsener wird deshalb vermutlich seinen Job verlieren. So wurden beispielsweise in Illinois innerhalb von sieben Jahren nur 44 der insgesamt 100 000 festangestellten Lehrer entlassen; in Kalifornien waren es, über einen Zeitraum von fünf Jahren, lediglich 62 von insgesamt 220 000 Lehrern.[44]

Wenn du einen schlechten Hamburger zubereitest, wird man dich rausschmeißen; wenn du ein ganzes Klassenzimmer verkorkst, kannst du Schuldirektor werden; wenn du eine ganze Schule verkorkst, kannst du Leiter der Schulaufsicht werden; und wenn du einen ganzen Schulsprengel verkorkst, kannst du »Bildungsberater« werden. Das sind Leute, die aus einer Welt kommen, wo die richtigen Buchstaben vor oder hinter dem Namen lebenslang dafür garantieren, dass du nicht wirklich Probleme lösen oder irgendetwas leisten musst. Und falls es schon jemand gemerkt hat: Sie verleihen sich gegenseitig alle möglichen Auszeichnungen, die so ziemlich gar nichts zu bedeuten haben, außer dass sie wissen, wie man Schulgremien gefügig macht und Eltern, Kinder und Steuerzahler beeindruckt.

Rudy Crew, ehemaliger Leiter der Schulbehörde von New York, beschrieb das anhaltende Problem inkompetenter Schulleiter, die man nicht entlassen kann, als »Tanz der Nieten«.[45] Und sein Nachfolger Joel Klein verweist darauf, dass die Stadt New York in den letzten zwei Jahren nur zwei von insgesamt 8000 Lehrern wegen mangelnder Kompetenz entlassen hat.[46]

Selbst bei sexuellem Fehlverhalten kann es Jahre dauern und Hunderttausende von Dollar kosten, einen festangestellten Lehrer loszuwerden. In einem berühmt gewordenen Fall zog es sich sechs Jahre hin, bis man einen Lehrer entlassen konnte, der einer Schülerin anzügliche E-Mails geschrieben hatte. Während der Prozess um seine Entlassung lief, mussten die Behörden den Lehrer weiterbezahlen, aber von den Schülern fernhalten. Es ist so schwierig, Lehrer zu entlassen, so Klein, dass die Stadt New York jährlich zwanzig Millionen Dollar für Lehrer ausgibt, die ihre Zeit in sogenannten Gummiräumen verbringen, wo sie sich und anderen nicht schaden können. Vielleicht sollte man in diese Räumlichkeiten auch diejenigen stecken, die sich dieses System ausgedacht haben.

Aber die unkündbare Festanstellung ist nicht das einzige Problem. Noch einmal Joel Klein aus New York: »Wir dulden Mittelmaß.« Aufgrund fester Tarifvereinbarungen »kriegen alle das gleiche Gehalt, egal ob sie hervorragend, durchschnittlich oder unterdurchschnittlich sind«.[47] Es ist nicht nur so, dass ein Versagen kaum zu Konsequenzen führt; es gibt auch so gut wie keine Anreize oder Belohnungen für Erfolg.

Dieses Systemversagen heißt nicht, dass Lehrer nicht hart arbeiten oder nicht unter großem Druck stehen: das ist zweifellos der Fall. Die meisten Lehrer wollen, dass ihre Schüler ihre Aufgaben erledigen und ein angemessenes Lernniveau erreichen. Aber diese Art von Druck unterscheidet sich doch ziemlich von dem Wissen, dass du, wenn deine Angestellten keine Leistung bringen, möglicherweise dein Haus verkaufen und bei den Schwiegereltern einziehen musst.

Das Paradoxe dabei ist: Die Vorbereitung junger Menschen auf eine Welt, die immer stärker von Wettbewerb und Konkurrenzdruck geprägt sein wird, haben wir Menschen anvertraut, die sich erfolgreich gegen die Konsequenzen von Misserfolg oder Versagen immunisiert haben.

Regel

8

Dein Nabel ist nicht so wahnsinnig interessant. Verbring nicht dein ganzes Leben damit, drauf zu glotzen.

Der englische Philosoph John Stuart Mill hat einmal bemerkt, depressiv zu sein vermeide man am besten dadurch, dass man es vermeide, nur mit sich selbst beschäftigt zu sein. Die einzigen Menschen, die glücklich sind, schrieb er, sind diejenigen, »die ihren Sinn auf etwas anderes gerichtet haben als auf ihr Glück; auf das Glück anderer, auf die Besserung der Menschheit oder auf irgendeine Kunst, irgendein Vorhaben, das sie nicht als Mittel verfolgen, sondern in sich selbst als idealen Zweck. Auf etwas anderes zielend, finden sie beiläufig Glück.«

Mit anderen Worten: Du wirst das Glück nicht mit dem Fussel zusammengerollt in deinem Nabel finden. Wie Sommers und Satel ausführlich gezeigt haben, wird Amerika bedrängt von »einer riesigen Phalanx an Therapeuten, Persönlichkeitsentwicklern, Trauerberatern, Workshoppern, Heilern und Traumatologen«, die dir einreden, dort nach dem Glück zu suchen.[48] Doch so fesselnd die Nabelschau für die Praktiker der verschiedenen Formen von therapeutischem Ringelreihen ist, so selten bringt sie mutige oder selbstbewusste Erwachsene hervor.

Einst bereiteten Gruppen wie die Pfadfinderinnen junge Frauen auf die Herausforderungen und Härten des Lebens vor, doch selbst sie scheinen dem Kult der Beschäftigung mit sich selbst erlegen zu sein. Damit junge Mädchen nicht völlig darauf fixiert sind, sich nur ja von Coke light und fettreduzierten Chips zu ernähren, haben die Girl Scouts das »Stress Less«-Abzeichen eingeführt, das »Mädchen dabei helfen soll, mit den Schnellkochtopfbedingungen fertig zu werden, mit denen sich heute sogar kleine Kinder konfrontiert sehen«.[49] In diesem Fall ist die Rede von »Schnellkochtopfbedingungen« im Alter von acht oder neun Jahren. Das Programm soll vorpubertären Mädchen die therapeutischen Vorteile von Fußmassagen, Aromatherapie, Atemübungen, Sorgensteinen und Bällen, die man bei Stress fest drückt, vermitteln.

All das ist angeblich für Acht- bis Zehnjährige besser stressabbauend als beispielsweise Schwimmen, Wandern oder überhaupt etwas wirklich Konstruktives zu tun. Aber darum geht es vielleicht auch gar nicht, denn das »Stressabbau-Abzeichen« erscheint weniger als Gegenmaßnahme gegen den zermürbenden Druck der vierten Klasse denn als Projektion von Mamis eigenen ganz erwachsenen, ganz spezifischen Ängsten. So bekannte die nervöse Mutter einer Elfjährigen: »Mein Ziel als Mutter war es ganz einfach, ihr den Stress zu nehmen.«[50] Also: Es ging nicht darum, ihr beizubringen, wie man mit Stress umgeht oder wie man ihn eigenständig bewältigt. Sondern ihr den Stress zu nehmen. Und wie ginge das besser, als sich in die Wellnessoase zu begeben. Und ein Mädchen namens Claire »verdiente« sich sein Stressreduzierungsverdienstabzeichen damit, dass es ihrer Mutter eine Avocado-Gesichtsmaske verpasste und den Rücken schrubbte.

Andere Aktivitäten, mit denen man das Verdienstabzeichen bekam, waren »das Eincremen der Hände mit sanft pflegender Pfir-
sichlotion, das Führen eines Tagebuchs über die glücklichen und
traurigen Momente, Meditation in Yoga-Position, das Abbrennen
einer Kerze mit Meeresbrisenduft, das Tanzen zu Musik und die
Analyse des täglichen ›Stundenplans‹«.

Was es sicherlich auch bald geben wird, ist das Verdienstabzeichen
für verwöhnte Speckgürtelprinzessinnen.

Diese Gefühlsobsession bedeutet, dass selbst Gelegenheiten,
bei denen Kinder an andere Menschen als an sich selbst denken können – beispielsweise an die Opfer der Terroranschläge vom 11. September –, nur zu einer weiteren Möglichkeit werden, doch wieder
auf den eigenen Nabel zu starren.

Damit die Kinder nicht in Versuchung geraten, sich zu sehr auf
den Mut der Helden dieses Tages zu konzentrieren – der Polizisten,
der Feuerwehrleute, der Rettungskräfte und derjenigen in den Tür-
men des World Trade Center, die den Verletzten zu helfen suchten
–, entwarf eine Organisation namens »Families and Work Institute«
ein Programm, mit dem Kinder dazu bewegt werden sollten zu
fragen: »Was ist das Besondere an mir?«[51] Darin heißt es: »Als wir
letztes Jahr Zeuge der Ereignisse des 11. September wurden, vermit-
telte vor allem eines den Leuten ein gutes Gefühl, nämlich all die
Menschen, die bei der Rettung und bei der Verarbeitung dieses
Ereignisses halfen. Wir sahen die Polizisten und die Feuerwehrmänner, und wir mochten sie, weil sie so mutig waren. Einer Sache hingegen schenken wir nicht allzu oft unsere Aufmerksamkeit, nämlich
uns selbst zu mögen.«

Und falls die Kinder versucht sein sollten, darüber nachzudenken,
was sie in ihrem Leben anderen Erwachsenen verdanken, hieß es
weiter: »Wir wissen, dass wir die Polizisten und Feuerwehrmänner
mögen, weil sie uns helfen, wenn wir Probleme haben. Wir mögen

unsere Mutter, weil sie so lieb zu uns ist, oder unsere großen Bruder, weil er Sachen reparieren kann, oder unsere Großmutter, weil sie so gut kocht und uns immer die Dinge vorsetzt, die wir gerne essen. Aber ich wette, die meisten von euch haben noch nicht groß über das nachgedacht, was ihr an euch selbst wirklich mögt.«

In den Tagen nach dem 11. September rieten »Experten für kindliche Traumata« den Lehrern an New Yorker Schulen, »Klischees wie etwa ›Sei stark‹ oder ›Du machst das ganz toll ...‹ nach Möglichkeit zu vermeiden«.[52]

In Wahrheit ist es aber doch so: »Sei stark‹ ist eine wichtige Lehre fürs Leben, kein unsensibles Klischee.«[53]

Regel

9

In deiner Schule mag es keine Gewinner und Verlierer mehr geben. Im Leben ist das noch immer anders.

In einigen Schulen wurde das Sitzenbleiben abgeschafft, und Abschiedsreden werden nicht mehr gehalten, damit niemandes Gefühle verletzt werden. Das Bemühen ist genauso wichtig wie die Resultate. Das alles hat natürlich nicht die geringste Ähnlichkeit mit dem wirklichen Leben, das ausgezeichnete Leistungen noch immer belohnt und bei Misserfolgen einen ordentlichen Rüffel bereithält.

Trotz des Wunschdenkens von Therapeuten, Beratern und weltfremden Träumern gehört der Wettbewerb nun mal zum Leben, und er kennt Gewinner und Verlierer. Manche bekommen einen Job, andere nicht. Manche werden befördert, andere nicht. Manche bestehen die Anwaltsprüfung, andere nicht. Manche werden an der Hochschule ihrer Wahl genommen, andere nicht.

Die staatliche Schulbildung erinnert heute nicht selten an *Alice im Wunderland:* »Jeder gewinnt, und alle bekommen einen Preis!« Oder zumindest eine Teilnahmeurkunde. In dem Film *Meine Frau, ihre*

Schwiegereltern und ich (2004) sammeln die Eltern zu Hause all die Trophäen für die mittelmäßigen Lebensleistungen des Helden (gespielt von Robert de Niro), was diesen zu den nachdenklichen Worten veranlasst: »Ich wusste gar nicht, dass es für den neunten Platz auch noch eine Medaille gibt.«

Natürlich ist das so. Die Speicher sind voll mit bedeutungslosen Trophäen, Medaillen und Abzeichen, die von dem ernsthaften Wunsch zeugen, dass jeder gewinnen soll und alle einen Preis bekommen. Jeder, der in die Mannschaft will, schafft das auch; jeder Schüler ist begabt und talentiert.

An der ganzen Sache gibt es jedoch einen Haken: Wenn *jeder* begabt und talentiert ist, heißt das nichts anderes, als dass *niemand* begabt und talentiert ist. In der Praxis bedeutet das: Wenn nicht jeder auf die Liste der Besten kommen kann, dann schafft man die Liste eben ab; in Klassen gibt es keine Ranglisten mehr, weil sich niemand schlecht fühlen will; die Noten werden nach oben korrigiert, sodass jeder ein Einserschüler sein kann. »Jeder ist etwas Besonderes, Flash«, sagt die Mutter in dem Film *Die Unglaublichen* (2004). Worauf Flash antwortet: »Das heißt doch nichts anderes, als dass niemand etwas Besonderes ist.«

So verkündet denn auch Charles Willie, Pädagogikprofessor in Harvard, das Ziel von Bildung sei nicht »Exzellenz«, denn das sei eine Sache der persönlichen Entscheidung und verlange Opfer. Vielmehr sollten sich die Schulen um »Angemessenheit« bemühen.[54]

Diese Abneigung gegen jeglichen Wettbewerb wird den angehenden Lehrern von dem Augenblick an eingebläut, da sie den Sumpf aus Mutlosigkeit und Mittelmaß betreten, den ein Lehramtsstudium bedeutet. Eine Umfrage kam zu dem Ergebnis, dass eine extreme Diskrepanz zwischen den Erwartungen der Öffentlichkeit besteht, was Schulen unterrichten sollten, und den Überzeugungen von Pädagogikprofessoren, also den Lehrern der Lehrer. Fast zwei

Drittel der Erziehungswissenschaftler meinten, die Schulen sollten
jeglichen Wettbewerb um Auszeichnungen wie etwa Bestenlisten
vermeiden, und fast die Hälfte sprach sich dafür aus, Schülern bei
Teamprojekten eine Gruppennote zu geben und sie nicht individu-
ell zu benoten.[55] (Das nennt sich »gemeinschaftliches Lernen«, heißt
aber im Klartext, dass die klugen Kinder die ganze Arbeit machen.)

Mitunter verbrämen Kritiker die Kröte Eifersucht als hohes Prinzip und Ressentiments als leidenschaftliches Eintreten für »Fairness«. So beklagte sich ein Kritiker der Bestenlisten: »Sowohl die
schulische Praxis, eine Bestenliste zu führen, als auch die elterliche
Praxis, diesen Status öffentlich kundzutun, erzeugen und verstärken
eine bestimmte Form von Ungerechtigkeit, die zwangsläufig Ressentiments schürt.«[56]

Doch in der großen Prestigehierarchie der Jugend ist die Bestenliste nur ein relativ unbedeutendes Gegengewicht zu den wirklichen
Ehren, die einem von der Natur oder der sozialen Gruppe zuteil werden – ein guter Sprungwurf, ein Körper wie Heidi Klum, die Wahl
zur Promikönigin oder die Fähigkeit, an einem Wochenende alle
Bestmarken des Spiels Halo2 zu knacken.

Diese Vorteile können die Heerscharen von Therapeuten, Sozial-
arbeitern und Erziehungsexperten nun wirklich nicht aus der Welt
schaffen, und deshalb konzentrieren sie sich auf den Bereich, wo es
sich am einfachsten bewerkstelligen lässt: auf die Handvoll Schüler,
die über die Fähigkeiten verfügen und hart genug gearbeitet haben,
um mit ihren schulischen Leistungen zu glänzen. Schafft man die
Bestenlisten ab, so verschwinden auch diese Siege. Aber die kräftigen
Kerls kriegen immer noch die Mädels und die schnellen Autos.

Selbst wenn der Klassenbeste bei seinen Schulkameraden beliebt
ist, macht die akademische Ehre noch immer einen Unterschied,
denn es ist eine Erwachsenenehre, welche die erste konkrete Belohnung für die Werte und Eigenschaften darstellt, die Schüler als

Erwachsene brauchen. Bestenlisten sagen, dass Erfolg beim Mathelernen oder in Geschichte oder beim Entwickeln einer neuen Killerapplikation bewundernswert ist – eine Botschaft, die Schüler eher nicht bekommen, wenn man sie mit ihren Schulkameraden allein lässt.

Doch das eigentlich Blödsinnige an all dem ist, dass man an einem bestimmten Punkt lernen muss zu verlieren. Denn wenn man nicht lernt, wie das ist, erweist sich das Leben ganz schnell als sehr große, sehr unangenehme Überraschung.

Vince Lombardi sagte einmal:»Die größte Leistung ist nicht, nie hinzufallen, sondern wieder aufzustehen, wenn man hingefallen ist.« Die Kuschelpädagogen hingegen glauben, es sei wichtiger, weich zu fallen und sich dabei gut zu fühlen.

Erwachsene sind dabei Kindern gegenüber im Vorteil, denn die meisten von ihnen haben die Erfahrung des Verlierens gemacht und wissen, dass damit nicht gleich die Welt untergeht. Sie wissen, dass nur wenige Niederlagen von Dauer sind. Darum stecken die Fußballprofis Niederlagen auch so leicht weg, zumindest im Ligaalltag. Es gibt immer ein Morgen. Kinder, bei denen der gesamte Himmel mit Gegenwart angefüllt ist, sehen das oft nicht.

In einer Realityshow im Fernsehen heulte kürzlich ein junger Mann, dessen Erfindung vom Prüfungsausschuss nicht angenommen worden war, in die Kamera:»Man hat mir meinen Traum genommen.« Einer der Prüfer erklärte dem Jungen mit Engelsgeduld, er werde sicher Erfolg haben, aber er müsse auch lernen, dass es immer wieder Rückschläge gibt und dass diese zum Erwachsenwerden dazugehören.

Doch wenn man den Unterschied zwischen Gewinnen und Verlieren abschafft, nimmt man nicht nur der Niederlage den Stachel des Ansporns, sondern verzichtet auch auf jeden Anreiz zu gewinnen und auf die Freude am Sieg.

Eine Niederlage wirkt nicht zwangsläufig niederschmetternd und entmutigend, sie kann auch inspirieren. Abraham Lincoln etwa war ein notorischer Verlierer, bevor er zum Präsidenten gewählt wurde. Und wenn eine Mannschaft wie die spanische Fußballeuropameister wird, dann bemisst sich die Größe dieses Sieges auch an der langen Durststrecke, die Spanien bei Fußballgroßereignissen erleiden musste.

Der Held des Films Rudy von 1993 ist Daniel E.»Rudy« Ruettiger, ein klein gewachsener junger Mann mit durchschnittlichen Fähigkeiten, aber unglaublichem Antrieb, der es sich zum Ziel gesetzt hat, ins Footballteam des College von Notre Dame zu kommen. Rudys Pech ist, dass seine Noten nicht gut genug sind, um überhaupt an der Hochschule zugelassen zu werden. Er schreibt sich an einer berufsbildenden Schule ein, wo er seine Noten verbessern will, erlebt jedoch einen Rückschlag und ein Frusterlebnis nach dem anderen. Aber er gibt nicht auf. Am Ende wird er genommen – und der Film gipfelt schließlich in der Szene, als Rudy eingewechselt wird.

Hätte Notre Dame keine Zulassungsbeschränkungen gehabt, hätte es jeden genommen, egal wie unbegabt, unmotiviert oder gleichgültig jemand ist, wären Rudys Durchhaltevermögen und sein letztlicher Triumph bedeutungslos gewesen.

Mancherorts erkennt man das. So wird berichtet, die Praxis, jedem einen Preis zu verleihen, sei inzwischen so verbreitet, dass einige Schulen und Sportligen damit begonnen haben, die Zahl der Trophäen wieder zu reduzieren. Denn wo jeder gewinnt, gewinnt am Ende keiner.»Die Trophäen«, so der Psychologieprofessor Roy Baumeister,»sollten den Siegern zustehen. Eigendünkel bringt keinen Erfolg im Leben. Selbstdisziplin und Selbstbeherrschung dagegen schon ...«[57]

Regel 10

Das Leben hat in Wirklichkeit viel größere Ähnlichkeit mit Völkerball, als dein Sportlehrer glaubt.

Es geht alles ziemlich schnell; es erfordert Aufmerksamkeit und Gewandtheit; das Ergebnis lässt sich nicht voraussagen; der Schwache kann manchmal den Starken besiegen; man kann ausscheiden, und es gibt sowohl Gewinner als auch Verlierer.

Eine Zeit lang war der Sportunterricht eine der letzten Bastionen gegen die überhandnehmende Gleichmacherei. Doch vor über zehn Jahren berichtete die *New York Times* vom »neuen Sportunterricht«, bei dem »Konkurrenz out und Kooperation in ist«.[58] Die Kinder wählen ihre Mitspieler nicht mehr, damit keiner als Letzter an die Reihe kommt. Spiele, bei denen man ausscheiden kann, sind nicht gern gesehen. Natürlich gehört es zum Lebens dazu, ausgesucht zu werden und aus der Konkurrenz auszuscheiden. Das Leben ist nicht immer fair. Doch die Behüterfraktion sieht das anders.

Schlagendstes Symbol für die Verweichlichung der Kindheit ist der unablässige Angriff auf einen der letzten Tests für das darwinis-

tische Konzept, wonach nur die Stärksten überleben – auf eine Sportart, die es Kindern erlaubte, einen aufgeblasenen Gummiball zu
nehmen, auszuholen, zu zielen und den Kuschelpädagogen, die ihre
Schule leiten, möglicherweise den Kopf zurechtzurücken. Bislang ist
das nicht passiert.

Mit dem Argument, dass Gewalt zu Gewalt führe, erreichte eine
Schülergruppe in Fairfax, Virginia, die sich Girls Against Violent
Activities (GAVA) nennt, dass bei ihnen im Sportunterricht kein
Völkerball mehr gespielt wird. Schulen, so forderten sie hartnäckig, dürften nichts fördern, bei dem Menschen »getötet« oder
»eliminiert« werden – selbst wenn es sich »nur um ein Spiel« handelt.[59] Das Sportunterrichtestablishment, soweit es ein solches überhaupt gibt, beteiligte sich an diesem Angriff. Die Völkerballgegner
haben die volle Unterstützung der National Association for Sport
and Physical Education, einer Vereinigung, deren Ziel offensichtlich
darin besteht, den beruflichen Rang von Sportlehrern zu verbessern,
indem sie sie so dumm wie andere Pädagogen macht. Judith Young,
die Vorsitzende, erklärte jedenfalls: »Wir sind der Ansicht, dass [Völ-
kerball] keine geeignete Unterrichtsaktivität ist, denn er lässt Kinder
ausscheiden und nimmt keine Rücksicht auf die Bedürfnisse der
weniger begabten Kinder.«

»Jedes Mal, wenn man einen Gegenstand auf jemanden wirft, führt
dies zu einer Stimmung der Vergeltung und des Grolls«, meint Tho-
mas Murphy, Sportlehrer an einer Grundschule in Cambridge, Mas-
sachusetts. »Dabei kommt nichts Positives heraus, außer dass ein
Stärkerer kleine Kinder fertig macht.« Und Dennis Docheff von der
Concordia University warnt vor den Folgewirkungen: »In der heutigen Welt, wo so viele Dinge bei Kindern zu gewalttätigem Verhalten
führen, ist kein Platz mehr für Völkerball.«[60] Völkerball ... Mitglied-
schaft in einer Straßengang ... Schüsse aus dem fahrenden Auto ... die

Invasion und Plünderung kleiner Länder – eine fast unvermeidliche
Entwicklung.

Andere Kritiker richteten den Blick auf verletzte Gefühle:»Wie be-
einflusst das Ausscheiden aus Spielen das Selbstbild [von Kindern]
und die Zugehörigkeitsgefühle innerhalb einer Gruppe?«, sorgte
sich Robert Kraft von der University of Delaware.[61] (Wobei nicht
ganz klar ist, ob der gute Mann je von Baseball gehört hat.)

Professor Neil Williams vom Eastern Connecticut State College
wollte Völkerball zusammen mit »Der Fuchs geht um« und der
»Reise nach Jerusalem« in die »Hall of Shame des Sportunterrichts«
verbannt wissen.[62] Denn diese Spiele würden die Besten dazu ermuntern, »auf den Schwächeren herumzuhacken und dafür auch
noch bejubelt zu werden«.

Dieser Generalangriff auf Völkerball veranlasste Rick Reilly, Ko-
lumnist der Zeitschrift *Sports Illustrated*, zu der Frage:»Heißt das, dass
es auf dieser Welt Schwächere gibt? Dass es Stärkere gibt? Natürlich
ist das so, und Völkerball ist eine der ersten Gelegenheiten im Leben,
herauszufinden, was man selbst ist und wie man damit umgeht.«[63]

Doch die Verbannung von Völkerball aus dem Sportunterricht
war keineswegs nur eine vereinzelte Verirrung; sie war die Spitze
eines riesigen – von einem Eisberg zu sprechen passt hier irgendwie
nicht so recht – Windbeutels der Verweichlichung.

Regel 11

Nach der Schule wirst du es nicht mit Konkurrenten zu tun haben, die zu Schwächlingen auf dem Spielplatz erzogen wurden.

Der Herzog von Wellington bemerkte einmal, dass »die Schlacht von Waterloo auf den Sportplätzen von Eton gewonnen wurde« – dass also seiner Ansicht nach Sportarten den Nationalcharakter prägten, die auf Wettbewerb beruhen. Wir können nur hoffen, dass das für Amerika nicht gilt – es sei denn, wir wollen gegen einen Gegner in den Krieg ziehen, der für seine Jugend ebenfalls Wert auf Wettbewerb vermeidende, risikofreie, das Selbstwertgefühl steigernde Spielaktivitäten legt.

In einem Bezirk in Florida verbot die Schulbehörde das Rennen auf dem Spielplatz. Das wäre nicht weiter bemerkenswert, doch gleichzeitig hat sie auch noch Schaukeln, Karussells, Wippen, Röhren zum Durchkriechen und sogar Sandkästen verboten.[64]

Wenn sich damit nur ein Kind retten lässt.

In einem kalifornischen Schulbezirk verboten die Pädokraten vor lauter Sorge um »Schikane, Gewalt, Selbstwertgefühl und Gerichtsverfahren« Fangenspielen, Räuber und Gendarm, Fußball und alle anderen Aktivitäten, in denen es zu »Körperkontakt« kommt. Sie meinten das offenbar ziemlich wörtlich.

»Während der Mittagspause«, so berichtete eine lokale Tageszeitung, »bemerkte die Pausenaufsicht Janice Hudson vor Kurzem, wie eine Erstklässlerin ein Mädchen auf der Schaukel anschubste. ›Nicht anschubsen‹, erklärte Hudson der Schülerin. ›Lass sie das bitte selbst machen.‹ ›Die eine kann doch ein wenig stärker sein als die andere‹, sagte sie im Weggehen.«[65]

Es ist wahrlich ein Dschungel da draußen.

In Santa Monica in Kalifornien verkündete eine Schule, sie verbiete das Fangenspielen, denn »bei diesem Spiel gibt es ein ›Opfer‹ oder ein ›Es‹, und damit haben wir ein Selbstwertproblem«.[66]

Das ist wirklich die pure Ironie. Während die Kinder herumsitzen und mit ihrer Playstation, ihren Nintendos oder ihren Gameboys spielen und ihr Hintern dabei immer mehr auseinandergeht, drehen die professionellen Kinderbehüter halb durch angesichts der üblen Auswirkungen von Fangenspielen, Räuber und Gendarm und den meisten anderen lustigen Spielchen, die man üblicherweise in der Pause spielte.

Die Kindheit – oder zumindest der spaßige Teil daran – fällt gerade einem wirkungsvollen Mix aus Psychogeplapper, rechtlichen Fragen und überreiztem Überbeschützertum zum Opfer. In einigen Schulen wurde das freie Spielen schon ersetzt durch organisierte Staffelläufe und von Erwachsenen beaufsichtigte Aktivitäten, um so die Kinder vor spontanen Kreativitätsausbrüchen zu schützen. Das erscheint Leuten sinnvoll, die glauben, Kinder müssten um jeden Preis vor den Schrammen des Lebens geschützt werden, sie dürften auf keinen Fall soziale Interaktionen selbst gestalten oder müssten ein wenig Fantasie aufwenden, um eigene Spiele zu finden.

Doch obgleich Spielplätze und Schulhöfe zunehmend entschärft wurden, sind Gerichtsverfahren häufiger geworden. »Man kann keine tote Katze schaukeln, ohne gerichtlich belangt zu werden«, sagte ein Anwalt – als ob heutzutage irgendjemand irgendeine Art von Katze, ob tot oder lebendig, irgendwo in der Nähe eines Spielplatzes schaukeln würde.[67] Rausgehen und in der Nachbarschaft spielen? Sich in den Wäldern ein Fort bauen? Wer will das riskieren? Schließlich haben sich die Kinderbehüter entschieden, dass Schaukeln und Wippen für Spielplätze viel zu gefährlich sind. So berichtet eine große amerikanische Zeitung, Rutschen, Schaukeln und Karussells seien ersetzt worden durch »umfassende Kletterstrukturen, die nach Aussage von Fachleuten in Sachen Kindesentwicklung sowohl die körperliche Fitness als auch die sozialen Fähigkeiten fördern«.[68] Und das ist natürlich viel besser als bloßer Spaß.

Früher fielen Kinder tatsächlich hin, sie schlugen sich Ellbogen und Knie auf und, ja, mitunter brachen sie sich auch einmal etwas. Diese Wunden galten als Abzeichen des Aufwachsens oder zumindest als Ausweis dafür, dass man lernte, die Gesetze der Schwerkraft und ihre konkrete Anwendung beim Spielen im Wald zu respektieren. Spielplätze waren einst die Orte, an denen die Kinder den Zusammenhang zwischen törichten Entscheidungen und üblen Folgen kennenlernten. Heute müssen sie das offenbar woanders lernen, etwa auf der Bundesstraße.

»Das Spielen ist mit am wichtigsten für die Entwicklung von Kindern«, erklärt Joe Frost, emeritierter Professor der University of Texas, der ein »Spiel- und Spielplatzforschungsprojekt« leitet. »Im Moment sieht es so aus, als würden wir uns zu einer Nation von Schwächlingen entwickeln.«[69]

Wenn also gewalttätige Spiele wie Völkerball und andere Sportarten mit Gewinnern und Verlierern zu gefährlich für unsere in Schutzfolie verpackten Kinder sind, was wäre dann akzeptabel?

Wie wär's mit Jonglieren? Doch selbst hier droht der zerbrech-
lichen Seele das Trauma fallen gelassener Bälle.

Kein Problem, dann muss man eben mit Tüchern jonglieren.
»Der Trick«, so der Guru dieses Zeitvertreibs, »besteht darin, dass
man Anfängern zunächst beibringt, mit neonfarbenen Tüchern zu
jonglieren. Tennisbälle fallen leicht runter und können einen im
Gesicht treffen. Tücher hingegen sind weich und segeln langsam zu
Boden.«[70]

Und weiter heißt es im Bericht der *Los Angeles Times*: »Während die
Schüler ihre Tücher in die Luft werfen, lässt der Lehrer sie die grundlegenden Schritte des Jonglierens laut aufsagen. Während sie werfen
und fangen, singen sie: ›Werfen, fangen‹. Binnen weniger Minuten
können sie jonglieren.« Nun gut, sie werfen Stücke aus Stoff in die
Luft, aber zumindest lässt niemand etwas fallen und muss sich deshalb schlecht fühlen.

Regel

»Müll rein, Müll raus« gilt für das, was du dir anhörst oder anschaust genauso wie für das, was du isst.

Es ist schon seltsam, wie viele Menschen sorgsam darauf bedacht sind, nur fettarmes, zuckerfreies, biologisches Vollkornessen in den Mund zu nehmen, und gleich darauf ihren Kopf mit dem übelsten Müll vollstopfen.

Ob gewalttätige Videospiele, die den Massenmord verherrlichen, oder Rap-Musik, in deren Texten ständig von »Huren« und »Schwuchteln« die Rede ist – wenn du dich dauerhaft von Depression, Düsternis und Gewalt ernährst, wird sich das irgendwann auf deine Gehirnzellen auswirken. So wie du deinen Kopf mit dem Hass und der Verzweiflung eines Teils der Popkultur füllst, könntest du ihn genauso gut in einen Giftmüllcontainer stecken.

Regel

13

Wie eine Schlampe auszusehen bringt dich nicht unbedingt weiter.

Modestatements wie bauchfreie Tops mit Spaghettiträgern; knallenge, tiefsitzende, hüftfreie, zerrissene Jeans; Jäckchen mit gepolstertem BH; knapp geschnittene T-Shirts, die stolz verkünden: »Was braucht es Verstand, wenn ich die beiden hier habe?«, senden den testosterongesteuerten Herren der Schöpfung eine ganz bestimmte Botschaft – und sie lautet nicht: Respektiere mich, oder: Kümmere dich um mich.

Das ist eine Frage, bei der der offene, nichts verurteilende Liberalismus der sechziger Jahre wieder da steht, wo er angefangen hat, oder sich zumindest weit genug im Kreis gedreht hat, um sich in den eigenen Schwanz zu beißen.

Damals kämpften die Frauen dagegen, nur als Sexualobjekte betrachtet zu werden. Und heute stehen ihre Töchter Schlange, um T-Shirts zu kaufen, auf denen zu lesen ist: »Letzte Nacht hatte ich einen Alptraum: Ich war brünett.«

Die Psychologin Patricia Dalton hat erfahren: »Eine junge Frau erzählte mir, es sei fast schon politisch unkorrekt zu sagen, dass etwas unangemessen sei.«[71] Also, wenn es deine Eltern schon nicht tun, dann sage ich dir: Mit diesem freizügigen T-Shirt gehst du mir nicht aus dem Haus. Und hier ist noch ein Autoaufkleber, auf dem steht: MÄNNER SIND SCHWEINE. VERHALTE DICH ENTSPRECHEND. Den solltest du stets dabeihaben.

Als ich kürzlich mit meinem 14 Jahre alten Sohn auf dem Sportplatz war, saßen wir zwei Reihen hinter einer Frau, die Anfang zwanzig war und gut zehn Kilo zu viel hatte. Immer wenn sie sich nach vorne beugte, präsentierte sie uns einen großen Schmetterling, den sie sich aufs Steißbein tätowiert hatte, und ungefähr fünf Zentimeter ihrer Po-Rille. Über so etwas würde man gerne gentlemanlike schweigen, aber es war einfach kein schöner Anblick. Klempner verfügen über eine lange und stolze Tradition, ihre Po-Rillen zu präsentieren, und falls sie nicht zufällig Klempnerin war, wollte sie damit vermutlich absichtlich ein Modestatement abgeben und war sich vermutlich gar nicht bewusst, dass die Botschaft »Schlampe« lautete.

Als ich mich in meiner Rundfunksendung laut fragte, ob junge Frauen, die sich so kleiden, wissen, dass sie sich wie Schlampen anziehen, kam prompt ein Kommentar in einem Weblog: »Natürlich wissen wir, was wir tun, wenn wir uns kleiden. Ein offenkundiger Beleg dafür ist, dass wir bestimmte Körperteile nicht mit Tattoos und/oder Piercings versehen würden, wenn wir nicht ein wenig Haut zeigen wollten. Mädchen, die sich züchtig bedecken, tragen nun mal keine Bauchnabelpiercings. Gleiches gilt für die Tattoos, die man gerne als ›Arschgeweih‹ bezeichnet.

Im Allgemeinen wissen wir, was wir tun, wenn wir aus dem Haus gehen. Wir besitzen alle einen Spiegel, die meisten von uns sogar mehrere in verschiedenen Formen und Größen, damit wir beim Verlassen des Hauses zwei- oder dreimal überprüfen können, was wir anhaben und wie wir darin aussehen.«[72]

Eine Frau hat das einmal so ausgedrückt:»Mein Vater pflegte zu sagen: ›Wenn's nicht zu verkaufen ist, warum machst du dann Werbung dafür?‹« Die junge Frau auf dem Sportplatz warb offenbar für einen Räumungsverkauf wegen Brandschaden. Noch schlimmer aber war, dass sie mit einem Mann bei diesem Spiel war, von dem ich glaubte, er sei ihr Vater. Wenn er ihr Vater war, was dachte er sich dann? Wenn er nicht ihr Vater war ... aber das ist definitiv zu einfach.

Natürlich ist deine Generation nicht die erste, die die Grenzen dessen auslotet, was man tragen kann; aber zum ersten Mal haben offenbar geile Jungs, die Kaufhäuser, die Popkultur und unentschlossene Eltern auf perfekte Weise zusammengefunden. Jungs mögen halb nackte Mädchen; die Popkultur zelebriert den Schlampen-Chic; und die Kaufhäuser präsentieren kleiderstangenweise nuttiges Zeug und wollen sogar schon Zwölfjährigen zu Übungszwecken gepolsterte BHs andrehen.

Und die Eltern? Die haben Angst vor den Weblogs ihrer Kinder. »Sie wollen nicht, dass sich ihr Kind bei seinen Freunden und übers Internet bei der ganzen Welt über sie beschwert«, sagt Dalton.

Die Eltern, so erklärt sie weiter, seien wischiwaschi – unsicher, was ihre Instinkte angeht, und oftmals nicht willens, die Regeln setzende Autoritätsrolle eines Erwachsenen zu übernehmen. Vor allem aber wollen sie die Freunde ihrer Kinder sein.»Sie begehen den Fehler zu glauben, eine gute Beziehung sei weitgehend konfliktfrei.«[73]

Offensichtlich machen sie sich weniger Sorgen um mögliche Vergewaltigungen, auf sexuellem Weg übertragene Krankheiten, Schwangerschaften oder darüber, was *andere* (darunter Jungs oder sogar Männer mittleren Alters) im Internet über ihre Töchter sagen.

Die Zeit, da junge Mädchen darauf vertrauen konnten, dass Erwachsene sie beschützen, scheint vorbei zu sein; ein Opfer ist möglicherweise die Kindheit, denn Mädchen werden dazu ermutigt, als etwas zu erscheinen, was sie gar nicht sind. Einfach ausgedrückt: Wenn man erlaubt, dass sich eine Zwölfjährige wie eine Zwanzigjährige kleidet, dann schadet das dem Mädchen, vor allem weil nur wenige Mädchen in dem Alter schon wissen, wie etwa ältere Jungs wirklich sind. Ihre Väter, die sich zweifellos daran erinnern, sind zu sehr darauf bedacht, einfühlsam zu sein, kein Urteil abzugeben, oder haben anderweitig zu tun.

Patricia Dalton schreibt dazu: »Ich habe eine ganze Reihe von Therapeutenkollegen befragt, und so gut wie jeder bestätigte mir: Wir erleben heute so gut wie keine autokratischen, diktatorischen Eltern mehr; vielmehr sehen wir häufig Eltern, die alle Macht abgegeben haben, und Kinder, die sich diese Macht genommen haben. Das Ergebnis sind sehr unglückliche junge Menschen. Sie sind gereizt und launisch; ihnen fehlt der Respekt vor ihren Eltern, weil ihre Eltern ihnen nicht durch echte Führung Respekt eingeflößt haben.«[74]

Und das sind dann auch die Kinder, die ständig sagen: »Das ist nicht fair!« (siehe Regel 1).

14

In einer Imbissbude zu arbeiten ist nicht unter deiner Würde. Deine Großeltern hatten ein anderes Wort für Würstchenbraten. Sie nannten es Chance.

Es war ihnen auch nicht peinlich, nur den Mindestlohn bezahlt zu bekommen. Aber es wäre ihnen peinlich gewesen, jedes Wochenende herumzusitzen und sich über die Teilnehmer bei *Deutschland sucht den Superstar* zu unterhalten.

Deine Großeltern wussten um die Würde, die Arbeit verleiht, denn sie bedeutet Unabhängigkeit. Die Wirklichkeit sieht so aus, dass du erst dann unabhängig bist, wenn du dein Essen, die Miete, Klamotten, Auto, Heizung, Versicherung und Studiengebühren selbst bezahlst. Und das wirst du nur können, wenn du dir einen Job suchst, selbst wenn du dich dabei schmutzig machen musst oder nach Frittierfett stinkst. Ein Job ist nicht entwürdigend. Entwürdigend ist es vielmehr, ein Schmarotzer oder Schnorrer zu sein.

Du lebst in einer Welt mit außergewöhnlichen Chancen und starker Einkommensmobilität; wenn du ganz unten anfängst, bedeutet das nicht, dass du dort unten bleiben wirst. Wichtig ist es, tatsächlich

einmal anzufangen, statt die Stereoanlage in deinem Zimmer aufzu-
drehen und auf dem Bett zu liegen, während deine Klassenkameraden Kunden fragen, ob sie die Pommes gerne mit Ketchup oder Mayo
hätten.

Wenn du es auf die erste Sprosse der Arbeitswelt schaffst und gute
Arbeit leistest, wirst du nicht lange dort bleiben. Die überwiegende
Mehrheit derjenigen, die zu den zwanzig Prozent mit den geringsten Einkommen gehörten, erlebten in späteren Jahren einen Auf-
stieg in höhere Gehaltsklassen. Eine berühmte Untersuchung zeigte
1995, dass drei Viertel der Menschen, die 1975 im untersten Einkom-
mensfünftel waren, es 1991 in ein höheres Quintil geschafft hatten.
Diese Mobilität belegte auch eine Studie aus dem Jahr 2000, wonach
fast sechzig Prozent derjenigen, die 1969 im untersten Quintil waren,
sich 1996 in einem höheren Quintil wiederfanden.[75]

Wie das? Sie haben sich nach oben gearbeitet. Sie haben die Fertigkeiten, Einstellungen und Gewohnheiten erlernt, die ihnen halfen,
auf der ökonomischen Leiter nach oben zu klettern. Und in Amerika
beispielsweise haben eine Menge Menschen damit angefangen, dass
sie in einem Fast-Food-Restaurant Hamburger zubereiteten.

Eine Umfrage bei in der Burger-Branche Beschäftigten hat er-
geben, dass ihre Jobs ihnen grundlegende Fertigkeiten für ein festes
Arbeitsverhältnis vermittelt haben – also genau die Fertigkeiten,
deren Fehlen bei jungen Leuten, die in die Berufswelt eintreten, die
Arbeitgeber so häufig beklagen. Die Beschäftigten lernen, wie wichtig es ist, pünktlich zu sein, Verantwortung für Fehler zu übernehmen, mit anderen auszukommen, Anweisungen zu befolgen, sau-
ber und regelmäßig bei der Arbeit zu erscheinen. 94 Prozent der
Befragten sagten aus, sie hätten Teamwork gelernt; 89 Prozent sagten, sie hätten den Umgang mit Kunden gelernt; und 69 Prozent
verstanden anschließend besser, wie ein Unternehmen funktioniert.[76]

In ihrem Buch No Shame in My Game beschreibt Katherine Newman, Professorin an der Harvard University, welch entscheidenden und positiven Einfluss derartige Jobs auf Leben und Lebenseinstellung der Armen im New Yorker Stadtteil Harlem hatten. Sie fand heraus, dass Teenager, die in Fast-Food-Restaurants arbeiteten, eng verbundene Gruppen gleichgesinnter Einzelner bildeten, die zäh an ihrem Gefühl von Würde festhielten. Newman zitiert eine junge Frau, die sie »Burger Barn« nennt und die schon vier Jahre in einem solchen Restaurant arbeitet. Sie verteidigt ihr Engagement für diesen Job, selbst wenn ihre Altersgenossen sich darüber lustig machen. »Das ist viel mehr als nur Hamburger zu braten«, sagt sie. »Das ist ein richtiges Geschäftsmodell. Da erlebe ich, wie ein großes Unternehmen funktioniert. Wie man einen Laden führt. Wie man Essen zubereitet, im Team arbeitet und mit Kunden umgeht. Solche Sachen.«[77]

Newman meint dazu: »Ältere Führungskräfte bringen den Kindern bei, dass sie eine Dignitätslinie überschritten haben, die sie von denen trennt, die nicht arbeiten.«

Während es fast schon zu einer Mode geworden ist, solche Jobs in einem McDonald's oder einer Imbissbude als Sackgassenjobs abzutun, erklärt Herbert Northup von der Wharton School of Business: »Es mag ironisch klingen, aber viele der Wissenschaftler, Journalisten und Regierungsbeamten, die am lautesten nach Ausbildungsprogrammen rufen, verurteilen solche Jobs in der Fast-Food-Branche als bestenfalls sinnlose Sackgasse und erkennen dabei nicht, dass sich das Objekt ihrer Verachtung in Wirklichkeit zu einem der größten, kostengünstigsten und am wenigsten rassistischen Ausbildungsprogramme in der Geschichte unseres Landes entwickelt hat.«[78]

Regel 15

Deine Eltern und dein kleiner Bruder sind nicht so peinlich, wie du denkst. Peinlich sind vielmehr Undankbarkeit, Grobheit und Trotz.

Trotz ist zu einer Art universellem Standardverhalten in der Pubertät geworden, obwohl in der Geschichte der Menschheit nie jemand einen trotzigen Teenager angeschaut und gesagt hat: »Ich möchte auch so sein wie dieses Kind.«

Die junge Frau hinter der Theke beim Bäcker im Einkaufszentrum, die glaubt, höflich zu sein und die Kunden freundlich zu bedienen sei irgendwie unter ihrer Würde, stellt sich vielleicht vor, ihre einsilbige, fast schon grobe, trotzige Dienstverweigerung bewahre irgendwie ihre Würde oder bringe gar ihr verletztes Selbstwertgefühl zum Ausdruck. Da irrt sie sich; sich wie ein maulfauler, schmollender Verlierer zu benehmen hat rein gar nichts Würdevolles an sich. Und das ständige Trübsalblasen, Beleidigtsein und hormonell bedingte Selbstmitleid lassen dich auch nicht unbedingt wie Avril Lavigne aussehen; viel eher wirkst du wie ein billiger und unsympathischer Abklatsch.

Du musst zudem der Tatsache ins Auge blicken, dass peinlich berührt zu sein nicht das Schlimmste ist, was einem passieren kann, und es ist mit Sicherheit nicht schlimmer als das, was du manchmal deinen Freunden, deiner Familie und deinen Bekannten antun – oder nicht für sie tun – möchtest, um Peinlichkeiten zu vermeiden.

Wenn du dir das im Nachhinein anschaust, wie du eine Freundin mit einer grausamen oder unverantwortlichen dummen Bemerkung bloßgestellt hast oder wie du ängstlich darum bemüht warst, nicht zusammen mit deiner Großmutter gesehen zu werden, dann wirkt das um ein Vielfaches demütigender als jede Peinlichkeit, die du dir damit vielleicht erspart hast.

Regel

Bevor du auf die Welt kamst, waren deine Eltern noch nicht so langweilig, wie sie das heute sind. Sie wurden so, weil sie deine Rechnungen bezahlen, dich durch die Gegend kutschieren, für deine Ausbildung sparen, dein Zimmer aufräumen und dir zuhören, wenn du ihnen erklärst, wie idealistisch du bist.

Und ganz nebenbei: Bevor du den Regenwald vor den blutsaugenden Parasiten der Generation deiner Eltern rettest, versuch erst mal, den Schrank in deinem Schlafzimmer von Motten zu befreien.

Und, ja, da steckt mehr als nur ein klein bisschen Ironie dahinter, wenn man von Idealisten über den Angriff auf die ursprüngliche Reinheit der Natur belehrt wird, deren verschiedene Körperteile auf eine Weise tätowiert und gepierct sind, wie es von der Natur vermutlich nicht beabsichtigt war.

Die Erfinder von *South Park* würden das vermutlich als »Selbstgefälligkeitsalarm« bezeichnen: dass du glaubst, nur weil du Schaubilder über Treibhausgas-Emissionen erstellt hat, wärst du deinen Eltern moralisch überlegen, die in Wirklichkeit arbeiten gingen, gespart, investiert und ihre Familien unterstützt haben und ihre produktivsten Jahre nun damit zubringen müssen, an dir herumzunörgeln. Dazu gehört, dass sie fragen, wo du hingehst und mit wem du unter-

wegs bist und all diese Dinge, die dazu beitragen, dass sie wie ge-
stärkte Hemden aus dem vorigen Jahrhundert wirken. Falls sie dich mit solchen Fragen nerven, dann lern damit umzugehen. Sie müssen daran denken, was für ein Mensch du sein wirst,
wenn du fünfundzwanzig bist oder ob du es überhaupt bis dahin
schaffst. Eines Tages wirst du's verstehen und vielleicht sogar ein
klein wenig dankbar sein. Wenn sie dich nicht fragen, wirst du dich
eines Tages fragen, warum sie es nicht getan haben.

Und was deinen überlegenen Idealismus angeht: Nichts ist leichter, als sich als Idealist zu fühlen, wenn man in Wirklichkeit gar
nichts dafür tun muss. Leider sind schlechte Laune und der Wunsch,
deine Eltern vom Hals zu haben, nicht das Gleiche wie Idealismus,
und beides wird unseren Planeten nicht retten.

»Wenn wir uns Sorgen machen, macht uns das wichtig«, meint P.J.
O'Rourke in seinem Buch *Alle Sorgen dieser Welt*. »Nehmen wir an, Sie
sind ein Mann und schlendern die Straße entlang und pfeifen dabei
eine fröhliche Melodie. Die Leute werden Sie einen Dummkopf nennen. Beugen Sie sich aber über den Nachbarn in der U-Bahn und
sagen Sie: ›Wie können Sie es wagen zu lächeln, solange in Tibet
unschuldige Menschen sterben?‹. Mit einem solchen Verhalten werden Sie sich schnell den Ruf erwerben, ein ernsthafter Mensch zu
sein, und außerdem wird man Ihnen sofort einen Sitzplatz anbie-
ten.« Und weiter heißt es: »Außerdem macht es weniger Arbeit, sich
Sorgen zu machen, als etwas gegen das zu unternehmen, was einem
Sorgen macht. Dies gilt ganz besonders, wenn wir uns dazu das
größte nur denkbare Problem auswählen. Jeder möchte die Erde retten; aber wenn es darum geht, Mami beim Abwaschen zu helfen,
drücken sich alle.«[79]

Aus dieser Art von Einstellung erklären sich dann auch die Protestierer, die auf einer Demonstration Transparente wie etwa »Stoppt
die Kommerzialisierung von Wasser« mit sich trugen und gleich-

zeitig »fast alle eine Flasche mit genau solchem ›Markenwasser‹« da-
beihatten.[80] Oder der Junge, der mutig seine Ablehnung der Unternehmenswelt bekunden wollte und eine amerikanische Flagge
schwenkte, auf der die fünfzig Sterne durch Firmenlogos ersetzt
waren – und der gleichzeitig Schuhe von Adidas, einen Rucksack von
Eastpak und eine Schweizer Armeeuhr trug. Auf der selben Demo
forderten die jungen Protestierer die Entwicklung benzinsparender
Autos, und ein paar hundert Meter entfernt standen die ganzen
Reisebusse, die die Idealisten herbeigekarrt hatten.[81]

2006 brachte das Magazin der New York Times eine Titelgeschichte
über den »Marken-Underground« und fragte: »Kann ein hippes
T-Shirt so mitreißend sein wie eine Rockhymne? Ist ein cooles Logo
eine Art Manifest? Und macht einen die Tatsache, dass man ver-
rückte neue Sachen einkauft, subversiv?«[82]

Die Antwort lautet kurz und knapp: Nein.

Gleiches gilt, wenn man ein Che-Guevara-T-Shirt trägt, das man
im Kaufhaus erstanden hat. Das macht dich weder zu einem Revo-
lutionär noch zu einem besonders scharfen Typen. Wie lange ist der
Typ jetzt schon tot? Fünfzig Jahre?

Du willst kosmische Gerechtigkeit? Eine gerechte, faire Welt, wo
alles Unrecht wiedergutgemacht wird? Wo die reichen Müßiggänger
Entschädigungen zahlen? Wo die Opfer ihren gerechten Anteil bekommen?

Schau lieber, dass du genug Geld verdienst, um deinen Eltern ein
neues Haus zu kaufen.

Regel 17

Das Leben ist nicht in Schulhalbjahre eingeteilt. Und du hast nicht den ganzen Sommer Ferien.

Du hast nicht einmal Osterferien. Man erwartet von dir, dass du jeden Tag kommst. Für acht Stunden. Und du fängst nicht alle zehn Wochen ein neues Leben an. Es geht einfach immer weiter.

Das ist wirklich eine Überraschung. Ich erinnere mich an einen Freund, mit dem ich auf einer meiner ersten Stellen als Zeitungsredakteur zusammenarbeitete. Er war damals ungefähr dreiundzwanzig, und eines Tages erzählte er mir, er habe vorige Nacht eine Eingebung gehabt. »Ich habe meine Fotoalben weggeräumt«, sagte er. »Und plötzlich kam es mir: Das ist mein Leben. Ich lebe mein Leben. Ich bereite mich nicht auf mein Leben vor. Ich studiere nicht dafür. Das ist schon mein Leben.« Und natürlich hatte er recht.

Es ist leicht, die saisonalen Veränderungen als selbstverständlich zu betrachten. Mindestens zwölf Jahre lang (je nachdem, wann du in den Kindergarten gekommen bist) hat sich dein Leben am Ende eines jeden Schuljahrs geändert; die Dinge fanden einen sauberen Ab-

schluss; am Ende jeder Klassenstufe gab es Bewertungen und Bestätigung. Du bekamst einen neuen Klassenlehrer, neue Klassenkameraden und letztlich so etwas wie einen neuen Job.

Das Erwachsenenleben funktioniert anders. Es bemisst sich nach
Jahren, ja Jahrzehnten, nicht nach Wochen oder Monaten; es gibt
nicht so viele Meilensteine oder Ziellinien; und du bekommst keine
Verdienstabzeichen für »Stressabbau«.

Falls das nicht ganz klar geworden sein sollte (und der Augen-
schein zeigt, dass es für eine ganze Generation fast so etwas wie ein
Geheimnis ist), hier noch einmal ganz konkret: Fünf Tage die Woche
um acht Uhr morgens (oder wann eben Arbeitsbeginn ist) erscheinen, und du kannst dir nicht mal eben einen Tag freinehmen, weil
du am Abend zuvor bis in den frühen Morgen vor der Glotze ver-
sauert bist oder nach dem Konzert zu lange aus warst. In den ersten
Jahren wird das mindestens 46 Wochen im Jahr so gehen, abzüglich
ein paar Feiertage. Da das durchschnittliche Schuljahr rund 180 Tage
dauert, ist das eine deutliche Steigerung: Es bedeutet, im Juni, Juli,
August zu arbeiten ... und vielleicht auch noch an Christi Himmel-
fahrt oder an Weihnachten.

Und nicht alles, was du zu tun hast, wird Spaß machen oder auch
nur interessant sein, denn dein Arbeitgeber fühlt sich nicht ver-
pflichtet, dich fortwährend zu unterhalten. Darum heißt das Ganze
ja auch Arbeit. Um an die interessanteren Aufgaben zu kommen,
musst du dich vielleicht bewähren.

Es wäre nicht schlecht, wenn du freundlich lächeln würdest. Und
das Zungenpiercing rausnehmen würdest.

Regel

18

Es ist nicht die Schuld deiner Eltern. Wenn du Mist baust, bist allein du dafür verantwortlich.

Das ist die Kehrseite von »Das ist *mein* Leben« und »Du bist nicht mein Chef« und anderen klugen Sprüchen deiner Generation. Wenn du achtzehn bist, geht alles auf dein Konto. Jammer deswegen nicht rum, sonst hörst du dich an wie ein verzogener Babyboomer.

Die Gewohnheit, andere Leute für die eigenen Probleme verantwortlich zu machen, ist leicht erlernt und schwer zu erschüttern. Wenn du Mama und Papa die Schuld an deinen Problemen gibst, ist das sozusagen die Einstiegsausflucht und, teilweise dank Sigmund Freud, eine Art Eintrittsneurose für die Klasse der Möchtegernopfer.

Ironischerweise waren die Babyboomer die am stärksten verhätschelte und am üppigsten ausgestattete Generation in der Geschichte – erzogen mit Nachgiebigkeit und endloser Toleranz, verwöhnt und unablässig in den höchsten Tönen gelobt. Doch ohne eine Weltwirtschaftskrise, die es zu überwinden, und ohne einen Krieg, den es zu gewinnen galt, waren sie gezwungen, die Schuld an

all ihren Enttäuschungen und Unzulänglichkeiten ihren Eltern in
die Schuhe zu schieben.

Sie rebellierten nicht nur gegen die ältere Generation, sondern
verwandelten die Vorstellung von der »schädlichen Elternschaft« in
eine Wachstumsbranche, indem sie Theorien über »Co-Abhängig-
keit« entwickelten und zahlreiche Symptome des Lebens zu einer
Vielzahl von Syndromen, Störungen und seelischen Krankheiten
machten, an denen im Grunde so gut wie jeder leiden konnte, der
mit zehn noch kein Pony hatte und kein Poster von seiner Lieblings-
band aufhängen durfte.

Doch Erwachsensein bedeutet, Verantwortung für das eigene Leben
zu übernehmen. Natürlich haben deine Eltern Einfluss darauf gehabt,
wer du bist, doch von nun an sind es deine Entscheidungen, nicht
ihre. Wenn du das nicht kapierst, bist du noch nicht erwachsen.

Eine Gruppe, die das nicht versteht, sind die sogenannten Helikopter-Eltern, die vielen Hochschullehrern das Leben in den letzten
Jahren ziemlich verleidet haben. Die Bezeichnung rührt daher, dass
sie ständig über ihren Kindern kreisen, sie überwachen, bis ins
Kleinste hinein alles regeln und sich in alle Entscheidungen ihrer
Kinder einmischen, vom Zimmer im Studentenwohnheim bis zu
den Seminaren, die sie belegen. Mancherorts war die Belästigung
durch diese Eltern so schlimm, dass man spezielle Programme ent-
wickelte, um sie ruhigzustellen.

Qua Definition sind die Helikopter-Eltern das Eingeständnis eines
Versagens.

Sie schicken ihre Kinder in ein Umfeld voller Berater, Tutoren und
Betreuer und sind doch davon überzeugt, dass ihre Kinder außerhalb
der stressfreien Familienblase, in der sie die letzten 18 Jahre verbracht
haben, ins Schwimmen geraten werden. Statt ihre Kinder auf die
Wechselfälle und Prüfungen des wirklichen Lebens vorzubereiten,
mischen sich diese gluckenhaften Eltern noch in die wohl struktu-

rierte Welt des Stundentenlebens ein.[83] Natürlich gibt es dort Frust-
erlebnisse, bürokratische Schwierigkeiten, falsch belegte Seminare
und schreckliche Mitbewohner. Aber das gehört nun einmal zu den
ersten – noch recht sanften – Realitäts-Checks für junge Leute.

»Vor allem Eltern aus der Mittelschicht glauben, wenn ihre Kinder
mit Schwierigkeiten zu kämpfen haben, müssten sie sofort ein-
greifen und sie für sie überwinden, statt sie ein wenig zappeln und
daraus lernen zu lassen«, bemerkt der Historiker Peter Stearns. »Damit will ich nicht sagen, dass wir sie allein lassen sollten, aber wir
sollten ihnen mehr Vertrauen schenken, dass sie die Dinge schon
hinbekommen werden.«[84]

Wenn du's nicht schaffst, Probleme im Wohnheim oder mit deinem Stundenplan geregelt zu bekommen, dann haben dich deine
Eltern ganz offensichtlich nicht wirklich erzogen. Du bist nicht erwachsen. Verantwortungsvolle Eltern bereiten ihre Kinder darauf
vor, selbstständig durchs Leben zu navigieren. Helikopter-Eltern
haben das nicht getan. David Anderegg, Professor für Psychologie
am Bennington College, hat es häufig mit solch hyperaufmerksamen
Eltern zu tun, die glauben, sie müssten jede nur erdenkliche Entscheidung für ihr Kind treffen.

»Wenn Sie ein Kleinkind haben, und das Baby hat Blähungen,
dann sind Sie eine gute Mutter, wenn Sie das Baby Bäuerchen machen lassen«, sagt Anderegg. »Aber wenn Sie einen Zehnjährigen
haben, der Blähungen im metaphorischen Sinn hat, müssen Sie ihn
nicht Bäuerchen machen lassen. Sie müssen ihn damit sitzen lassen,
sodass er herausfindet, was er tun soll. Er lernt dann, ein gewisses
Maß an Schwierigkeiten zu ertragen, und dass sie nicht das Ende der
Welt bedeuten.«[85]

Verschlimmert hat sich das Problem noch durch die Handys. In
den Händen von Helikopter-Eltern und ihren ängstlichen Nach-
kommen, so die Psychologin Hara Estroff Marano, ist das Handy zur

»ewigen Nabelschnur« geworden, die junge Menschen »in einem dauerhaften Zustand der Abhängigkeit« hält.[86]

In der Vergangenheit erzog man junge Leute dazu, die Werte ihrer Eltern zu verinnerlichen und dann zu lernen, wie man diese Werte auf Situationen und Entscheidungen des wirklichen Lebens anwendet. Doch Handys, so Anderegg, »halten Kinder davon ab, herauszufinden, was sie tun sollen. Sie haben niemals irgendwelche Bilder verinnerlicht; das einzige, was sie verinnerlicht haben, ist ›Ruf Mama oder Papa an‹.«[87]

Unternehmen berichten, dass diese Helikopter-Eltern inzwischen auch am Arbeitsplatz auftauchen und in Angelegenheiten ihrer erwachsenen (das Wort verwende ich hier nur im aller engsten, rein formalen Sinne) Kinder vorsprechen, ja, oft sogar mit ihnen zusammen zum Vorstellungsgespräch erscheinen. Einige Unternehmer bezeichnen solche Eltern inzwischen auch als »Kamikaze-Eltern«. Sie haben bereits Berufsberater terrorisiert, für die Hochschulzulassung zuständige Beamte schikaniert und Verkäufer bei Starbucks eingeschüchtert, deren Kaffee enttäuscht hatte.

»Es ist für mich schlicht unfassbar, dass ein Vater für seinen 22-jährigen Sohn vorstellig wird«, erklärte ein Manager gegenüber dem *Wall Street Journal*. Andere berichten von Bewerbern, die ihren möglichen künftigen Arbeitgebern erklären: »Ich muss erst noch mit meinen Eltern reden. Ich melde mich dann bei Ihnen.«[88]

Die Botschaft, die diese Super-Helikopter-Eltern aussenden, lautet denn auch: »Sie sollten dem Urteilsvermögen meines Kindes nicht trauen, denn ich tue es ja offensichtlich auch nicht.« Vielleicht glauben sie ja, dass sie nur unterstützend tätig sind, aber im Grunde erkennen sie damit an, dass es ihnen in den letzten zwanzig, 21 oder 22 Jahren nicht gelungen ist, unabhängige, eigenständige Erwachsene heranzuziehen, die mit den Problemen des Lebens selbst fertig werden können.

Rauchen lässt dich nicht cool aussehen, sondern nur schwachsinnig.

Wenn du demnächst mal wieder draußen unterwegs bist, schau dir mal einen Elfjährigen mit einer Kippe im Mund an. So siehst du für jeden über zwanzig aus, wenn du rauchst.

Vielleicht hast du auch den Eindruck, Rauchen würde dich schlank und sexy machen. Das tut es vielleicht, aber denk an die Folgen: gelbe Zähne, gelbe Finger, ein Atem wie ein Aschenbecher, vorzeitige Alterung der Haut, kohlschwarze Lungen und möglicherweise auch noch Herzkrankheiten. Und nicht viele Menschen schaffen es, mit einem Beatmungsschlauch in der Nase hip auszusehen.

Du entwickelst zudem keine eigene Identität, wenn du den gleichen Nasenring hast wie alle anderen auch, oder wenn du die gleichen Klamotten trägst, die gleiche Musik hörst oder die gleichen politischen Vorstellungen hast. Das nennt man Konformität. Und glaub mir: Auch die Tattoos werden nicht mehr ganz so toll aussehen, wenn du fünfzig bist. Und überhaupt sind viele Sachen, die dir heute als tolle Idee erscheinen, genau das Gegenteil.

Regel 20

Auch wenn du eine coole Mutter, einen verständnisvollen Schuldirektor und eine nachgiebige Schulbehörde hast, dreht sich die Welt nicht um dein Bedürfnis, dein Ich mit Hilfe eines Nasenrings auszudrücken.

Das Folgende ist eine wahre Geschichte: Ein 14-jähriges Mädchen bedrängt seine Mutter, sie möge ihr doch erlauben, sich einen Ring durch die Nase stechen zu lassen. Zunächst widersetzt sich die Mutter diesem Ansinnen. Ihre Tochter ist schließlich noch ein bisschen zu jung, um schon Piercings oder Tattoos zu tragen. Aber die Tochter bettelt, säuselt herum und verhandelt, und schließlich gibt die Mutter – die zweifellos die beste Freundin ihrer Tochter sein möchte – nach.

Leider ist das Nasenpiercing mehr als nur eine schlechte Modewahl einer Pubertierenden. In dem amerikanischen Bundesstaat, in dem das Mädchen lebt, sind für alle Jugendlichen unter 16 Jahren allenfalls Ohrringe erlaubt; es verstößt zudem gegen die Schulordnung. Als die Schulleitung auf die entsprechende Regelung verweist, weigert sich das Mädchen, seinen neuen Nasenring zu entfernen. Sie widersetzt sich ihrem Schuldirektor und bekommt dafür eine Disziplinarstrafe aufgebrummt.

Das Mädchen ist inzwischen an Erwachsene gewöhnt, die nachgeben und sie am Ende dann doch gewähren lassen, und wendet sich deshalb in Sachen Persönlichkeitsentwicklung mittels Nasenring an die Schulbehörde. Und diese ergreift die Gelegenheit, um ... vor ihr einzuknicken.

»Für einen Erwachsenen bedarf es einer Menge Mut, für die eigenen Überzeugungen einzustehen«, ließ der Behördenleiter die 14-Jährige wissen und demonstrierte damit den fehlenden Mut seiner Behörde, die in ihrem Zuständigkeitsbereich geltenden Regeln durchzusetzen. »Und ich glaube, ich spreche für die gesamte Behörde, wenn ich sage, dass wir stolz auf dich sind.« Falls es an dieser Stelle Gelächter im Publikum gab, ist das im Protokoll jedenfalls nicht verzeichnet.[89]

Durch diese Erfahrung verständlicherweise zusätzlich ermutigt, erklärte das widerspenstige Mädchen: »Ich glaube, es ist wichtig, sich als Persönlichkeit in einer offenen Umgebung wie der Schule auszudrücken. Meine Lehrer, meine Freunde und meine Eltern haben mir immer beigebracht, dass die Schule ein Ort ist, um herauszufinden, wer man ist und wo man steht. Ich tue also nur das, was man mir beigebracht hat.«

Und genau das tat sie, dieses Produkt einer auf Bestätigung und Persönlichkeitsausdruck setzenden therapeutischen Erziehung. Man hatte ihr eindeutig nicht beigebracht, Respekt gegenüber Autorität zu zeigen. Sie war nicht an den Gedanken gewöhnt, das Wort Nein könnte jemals unmittelbar ihr gelten. Und sie hatte nicht gelernt, dass sie mitunter nicht alles haben kann, was sie will. Oder dass sie die Befriedigung ihrer Bedürfnisse zurückstellen muss, bis sie volljährig ist.

Wenn sie diese Lektionen je lernen soll, sollte ihr am besten wohl jemand dieses Buch kaufen.

Regel

21

Du bist beleidigt? Na und? Nein, im Ernst. Wen interessiert das?

Die Bereitschaft, sich schon beim kleinsten Anlass beleidigt zu fühlen, ist nicht gerade Ausdruck eines gesunden Selbstbewusstseins – es ist vielmehr eine Entscheidung, ein Jammerlappen und ein emotionaler Trampel zu sein.

Das mag überraschen, aber in einem freien Land zu leben heißt noch lange nicht, dass man frei von Ärgernissen ist oder immun gegenüber Sachen, die einen empören, und es gibt dir mit Sicherheit nicht die Erlaubnis, Menschen, mit denen du nicht einer Meinung bist, zum Schweigen zu bringen, umzuerziehen oder zu schikanieren. Wenn du vermeiden willst, beleidigt zu werden, solltest du's vielleicht in einem buddhistischen Kloster versuchen und nicht in öffentlichen Verkehrsmitteln oder an einer modernen Uni.

So gut wie jeder kann die »Ich fühle mich beleidigt«-Karte spielen: Minderheiten, Mehrheiten, Frauen, Männer, liberale Konservative, Schwule, Lesben, Spießer, Katholiken, Muslime, amerikanische

Ureinwohner, Hispanics, Afroamerikaner, Feministinnen, Evangelikale, Blonde, kleine Menschen, dicke Menschen, dünne Menschen, Anwälte und Typen, die eine Glatze bekommen.

Die Tyrannei des leicht Beleidigten wird von der Art von Menschen ausgeübt, deren Sensoren und Sensibilitäten sofort aktivierbar sind, falls sie auch nur dem leisesten Anschein von Sexismus, Rassismus, Klassendünkel, Vorbehalten gegen Kleinwüchsige und Dicke oder auch nur übermäßigen Mengen an Eau de Cologne begegnen. Und gewöhnlich stoßen sie auch auf das, was sie erwarten. In einem früheren Buch (*A Nation of Victims*) habe ich gezeigt, dass die USA zunehmend von unsichtbaren Stolperdrähten emotionaler, rassischer, sexueller und psychologischer Klagen durchzogen sind. Hexen sind durch Halloween beleidigt; Multi-Kulti-Enthusiasten fühlen sich aufgrund von Spitznamen in der Schule und Büchern von längst toten weißen Autoren verletzt; Feministinnen sind empört über Wimperntusche und Männer, die Frauen die Tür aufhalten. Atheisten fühlen sich durch Gottesdienste im öffentlichen Raum drangsaliert; Gläubige stören sich an den Einwänden der Atheisten; und Agnostiker wissen nicht, was sie glauben sollen, und halten sich deshalb aus der ganzen Sache raus. Und dann erst Weihnachten: Dieses Fest der Liebe ist inzwischen zu einem veritablen Schlachtfeld geworden, auf dem hyperempfindliche Menschen, die sich durch Weihnachtslieder, Krippen und Weihnachtsbäume beleidigt fühlen, gegen Militante kämpfen, die empört sind über die Menschen, die nicht »Frohe Weihnachten«, sondern »Schöne Feiertage« wünschen.

Selbst beiläufig geäußerte Bemerkungen oder die versehentliche Verwendung eines falschen Wortes können die Empörungsmaschinerie in Gang setzen. Die lautesten Beschwerden kommen oftmals von Anwälten, die behaupten, die Opfer der Verleumdung zu vertreten. So bemerkte der Golfer Tiger Woods nach dem Masters-Turnier 2006: »Meine Putts waren heute grauenhaft. Sobald ich auf dem

Grün war, habe ich gespielt wie ein Spasti.«[90] Hypersensible Anwälte von Menschen mit zerebraler Kinderlähmung erklärten daraufhin, diese fühlten sich beleidigt, und Tiger Woods musste sich auf seiner Homepage entschuldigen. Aber fühlte sich irgendjemand *wirklich* beleidigt? Und war irgendjemand wirklich berechtigt, eine Entschuldigung zu fordern?

Einst lebten die Menschen nach dem Motto »Stöcke und Steine können mir die Knochen brechen, doch Worte können mich niemals verletzen«. Zugegeben, das war etwas arg vereinfachend, aber es ließ uns wissen, dass die Worte anderer nicht über unser Selbstwertgefühl bestimmen dürfen.

Im Gegensatz dazu wollen die Dauerempörten, dass man auf Worte genauso reagiert wie auf einen Stein, der einem ins Gesicht geworfen wird; sie sind der Ansicht, »Opfer« seien so schwach, dass ihr Selbstbild durch ein einziges Wort zerschmettert werden kann – selbst wenn damit überhaupt keine Beleidigung beabsichtigt war.

Auf jeden Fall ist die Suche nach Wörtern, die nicht beleidigen, oftmals frustrierend und vergebens: »Wenn man versucht, nicht beleidigende Wörter für Merkmale zu finden, die nun wirklich ein Nachteil sind, ist das ein aussichtsloses Unterfangen.«[91] So enthält beispielsweise eine Liste der »zehn schlimmsten Ausdrücke« für behinderte Menschen in Großbritannien so offensichtlich beleidigende Wörter wie »retard« (zurückgeblieben) und »window-licker« (Fensterlutscher), aber auch Begriffe wie »special« (besonders, speziell), »brave« (tapfer) und sogar »wheelchair-bound« (an den Rollstuhl gefesselt), was sich vermutlich auf Menschen bezieht die ... an den Rollstuhl gefesselt sind.[92] Da Wörter wie »special« oder »brave« aber einst als nicht beleidigende Euphemismen eingeführt wurden, beißt sich die Katze hier irgendwie in den Schwanz.

Natürlich steckt die eigentliche Ironie der ganzen Aufregung um Tiger Woods' »Spasti«-Vergleich darin, dass er Golf spielt, also eine

Sportart betreibt, die seit Ewigkeiten die Fähigkeiten der einzelnen Spieler mit dem Begriff »Handikap« kategorisiert.

Die Lehre aus dem Gesagten lautet: Wenn du jeden Tag aufwachst und nach etwas suchst, was dich beleidigt, wirst du auch etwas Entsprechendes finden. Mein Rat deshalb: Einfach drüberstehen. Gewöhn dich an die Tatsache, dass andere Menschen dich ärgern, nerven, auf die Palme bringen, wütend machen und verunsichern. Du wirst mit Worten, Gesten und Bildern konfrontiert sein, die du nicht magst. Na und? Du lebst nicht mehr in deiner heilen Kinderbuchwelt.

Es gibt aber auch noch einen anderen Grund, dauerhaftes Empört- und Beleidigtsein zu vermeiden: Es ist ermüdend.

All dem Ärger hinterherzuhecheln laugt dich völlig aus; es ist mühselig, rund um die Uhr empört zu sein. Wenn du den leicht Beleidigten einlädst, sich in deinem Kopf breitzumachen, wird er immer mehr Raum einnehmen, nicht aufräumen und dir alles wegfressen. Warum ihn also überhaupt hereinlassen?

Regel

22

Du bist kein Opfer.
Also hör auf zu jammern.

Jeden Tag könnten gut 84 Prozent der Amerikaner, wenn sie es denn wollten, behaupten, sie seien Opfer von diesem oder jenem, und könnten sich beklagen, herumlamentieren und verlangen, irgendjemand müsse was tun.

Das dürfte eigentlich nicht weiter überraschen, denn es hat ganz offensichtliche Vorzüge, ein Opfer zu sein. Zunächst einmal ist es relativ einfach: Ein Opfer zu sein bedeutet, sich niemals entschuldigen zu müssen. Opfer sind nicht verantwortlich, denn es gibt immer jemand anderen, dem man die Schuld geben kann. Der Opferstatus verschafft zudem eine gewisse moralische Überlegenheit, er ist eine Art Allzwecktrumpf in Diskussionen und eine handliche Quelle politischer Macht. Es gibt jedoch auch eine Schattenseite: Menschen, deren Identität sich über ihr Opfersein definiert, haben oft das Gefühl, in einer Falle zu stecken, denn wenn sie Verantwortung für ihre Misserfolge übernehmen, laufen sie Gefahr, ihren Opferstatus zu verlieren. Und wo sind sie dann? Also gar nicht erst damit anfangen.

Hier eine kleine Übung. Setze in die folgende Leerzeile das Schlimmste, das dir je passiert ist:

—————————————————————————————————

Auf einer Liste der tausend schlimmsten wirklichen Opfer würdest du es nicht einmal auf die Liste der Ersatzkandidaten schaffen: Die jüdischen Opfer der »Reichskristallnacht« im November 1938; die amerikanischen Opfer des Todesmarsches von Bataan 1942; die Japaner, die während des Zweiten Weltkriegs in Amerika in Lagern interniert waren; die Opfer des Holocaust; Frauen, die unter den Taliban leben mussten; Armenier, die von den Türken massakriert wurden; Muslime, die von Serben ermordet wurden; die Sklaven, die die Pyramiden bauten; die Menschenopfer der Azteken; ukrainische Bauern, die Stalin verhungern ließ; die Opfer von Saddam Husseins Folterkellern; die Indianer in Nordamerika, die aus ihrem Land vertrieben wurden; Jungfrauen, die heidnischen Gottheiten geopfert wurden; die Opfer des Atombombenabwurfs auf Hiroshima oder der Bombardierung Dresdens; oder christliche Märtyrer, die zu Tode gequält wurden.

Ganz gleich, wie schlimm dein Sportlehrer ist oder wie gemein deine Eltern sind: Du bist nicht in den Knast geworfen, geschlagen, gefoltert, aus deiner Heimat vertrieben, gekreuzigt, ausgepeitscht, geviertelt, gefedert und geteert oder wegen deiner politischen oder religiösen Überzeugung erschossen worden. Du bist nicht sterbend an einer ungeschützten Stelle am Berg zurückgelassen worden, du bist nicht als Sklave in den Frachträumen eines Handelsschiffs gelandet und nicht am irischen Kartoffelhunger zugrunde gegangen. Dein Haus wurde nicht von fremden Truppen konfisziert; du bist nicht von mongolischen Reiterhorden vergewaltigt worden; deine Familie wurde nicht von sich bekriegenden somalischen Warlords als Geisel genommen; du wurdest nicht inhaftiert, weil du verbotene Bücher gelesen hast, oder in eine brennende Schule gesperrt, aus der dich die Behörden erst herauslassen, wenn du die vorgeschriebene Haartracht trägst. Du wurdest nicht beschnitten, wie das so viele Frauen in Afrika erleiden müssen; du wurdest nie zur Marine zwangsverpflichtet, wo die Seeleute Skorbut bekamen und ihnen die Zähne ausfielen; du musstest nicht irgendwo im Niemandsland in irgendwelchen Schützengräben ausharren oder bei Gallipoli zum Sturmangriff antreten. Man hat dich nie gezwungen, dir Wagners »Ring« in voller Länge anzuhören oder einen Film mit Paris Hilton anzusehen.

Vermutlich hast du noch alle Originalkörperteile, und entstellende Krankheiten sind dir erspart geblieben. Du leidest wahrscheinlich nicht an Cholera, dem Ebola-Virus oder Aids. Du wirst eher nicht an Kinderlähmung oder Tuberkulose sterben. Du bist nicht während einer Hungersnot, einer Dürreperiode oder einer Heuschreckenplage aufgewachsen. Und vermutlich bist du nie hungrig zu Bett gegangen, weil sich deine Eltern nicht einmal mehr ein Stück Brot leisten konnten (wohl aber wegen irgendeiner angesagten Diät oder wegen deiner Essstörung).

Mit anderen Worten: Reiß dich zusammen. Es ist nicht so schlimm, wie du denkst.

Als ich einmal versucht war, mich selbst groß zu bedauern, weil ich gerade meinen Job verloren hatte, rückte mein Vater die Dinge in die richtige Perspektive mit seiner Frage: »Wirst du einen Kühlschrank haben?« Als ich antwortete, natürlich würde ich einen Kühlschrank haben, sagte er: »Na also, so schlimm kann's dann ja nicht sein.« Ich war kein Opfer.

Regel

23

Eines Tages wirst du erwachsen sein und tatsächlich mal aus deinem Elternhaus ausziehen müssen.

Frühere Generationen durchquerten die zugefrorene Beringstraße, umrundeten das Kap der Guten Hoffnung, entdeckten die Neue Welt, waren auf dem Oregon Trail unterwegs, erklommen den Mount Everest, tauchten ein in die Regenwälder Südamerikas, erforschten das Great Barrier Reef, marschierten zum Südpol und landeten auf dem Mond.

Die größte Pioniertat der Generation Ich besteht bislang darin, wieder zurück zu Mami zu ziehen.

Es gibt eine Fülle kreativer Euphemismen für Menschen, die ihren Hintern nicht hochkriegen: Nesthocker, Spätadoleszente, Spätauszieher, Berufsjugendliche, die es sich im Hotel Mama bequem gemacht haben. Keinen dieser Begriffe sollte man als Kompliment auffassen.

Sie alle spiegeln die Tatsache wider, dass eine Generation, die niemand auf die wirkliche Erwachsenenwelt vorbereitet hat, sich – wenig überraschend – weigert, erwachsen zu werden, und erst mit

Ende zwanzig oder auch erst in den Dreißigern als erwachsen gelten
kann. Die Zahl der sogenannten Bumerangs – der erwachsenen Kinder zwischen 18 und 34 Jahren, die wieder nach Hause ziehen – hat
sich seit 1970 um fünfzig Prozent erhöht. Laut Statistischem Bundes-
amt wohnte 2004 immer noch fast die Hälfte, nämlich 47 Prozent,
der männlichen Bevölkerung zwischen 18 und 24 Jahren, als »lediges
Kind« im Elternhaus. Bei den jungen Frauen lag dieser Anteil bei
44 Prozent. Mit dreißig Jahren wohnten von allen Söhnen dieses
Alters noch 14 Prozent und mit vierzig Jahren immerhin noch fünf
Prozent bei den Eltern.[93] Und noch mehr vertrauen auf das Scheck-
buch der Eltern weit jenseits des Alters, in dem man einst erwartete,
dass Kinder nunmehr für sich selbst sorgen können.[94]

Doch wie lange du auch immer bei deinen Eltern herumhängst –
früher oder später wird damit Schluss sein. Letztlich wirst du deinen
Krempel packen und dein Bett selber machen müssen.

Früher konnten es Kinder gar nicht erwarten, endlich aus dem Haus
zu kommen, ihren eigenen Platz zu haben, die Freiheit und den Stolz
der Eigenständigkeit zu erfahren. Doch das hat sich geändert: Seit
nunmehr einigen Jahren versucht die Sozialwissenschaft zu erklären,
warum junge Menschen das Erwachsenwerden hinauszögern.

In dieser Zwischenwelt zwischen Adoleszenz und Unabhängigkeit verweilen inzwischen so viele junge Menschen, dass die Demo-
grafen schon die Definition von Erwachsensein verändern mussten.
So kam eine Gruppe von Soziologen, die den länger werdenden Weg
zum Erwachsensein untersuchte, zu dem Ergebnis: »Der Übergang
zum Erwachsenendasein dauert heute viel länger als noch vor Jahrzehnten und vermutlich als je zuvor in der amerikanischen Geschichte.«[95]

Die Forschungsgruppe, die Zahlen der Volkszählungen von 1960
und 2000 miteinander verglich, fand heraus, dass der Prozentanteil

der jungen Erwachsenen dramatisch gesunken war, die mit zwanzig oder dreißig Jahren »all die traditionell definierten wichtigen Übergänge ins Erwachsenendasein vollzogen haben: zu Hause auszuziehen, die Berufsausbildung zu beenden, finanziell unabhängig zu werden, zu heiraten und ein Kind zu haben«. Im Jahr 1960 hatten 77 Prozent der Frauen und 65 Prozent der Männer diese fünf Kriterien mit dreißig erfüllt. Vierzig Jahre später war diese Zahl auf 46 Prozent bei den Frauen und 31 Prozent bei den Männern gesunken.

Orientierten sich die Forscher an der »zeitgemäßeren Definition von Erwachsensein« – und ließen Ehe sowie Kind weg –, waren die Zahlen weniger dramatisch, aber immer noch bemerkenswert. Der Anteil der dreißig Jahre alten Männer, die ihr Elternhaus verlassen hatten, finanziell unabhängig waren und ihre Berufsausbildung abgeschlossen hatten, lag um zwölf Punkte unter dem Wert von 1960. Bei den Frauen lag diese Zahl um zehn Punkte unter der des Jahres 1960.

Die Soziologen schlossen daraus, dass »die amerikanische Gesellschaft das ›normale‹ Alter des vollen Erwachsenseins nach oben revidieren und neue Wege entwickeln muss, wie man jungen Menschen bei diesem immer länger werdenden Übergang beisteht«.[96] Das ist natürlich eine Möglichkeit. Eine andere ist es, sich einzugestehen, dass wenn sich Erwachsene weigern, erwachsen zu sein, etwas ganz schrecklich schiefgegangen sein muss und wir möglicherweise die Art und Weise hinterfragen müssen, wie wir unsere Kinder auf die Erwachsenenwelt vorbereiten.

Beobachter schieben die Schuld für diese verlängerte Adoleszenz gelegentlich auf die Wirtschaft, denn es sei heutzutage so viel härter, durch die Ausbildung zu kommen und eine berufliche Laufbahn zu starten. Das stimmt. Erklären Sie das mal den Kerlen, die Hitler besiegt haben und die die Finanzierungsangebote der G.I. Bill nutzten,

um an einen Hochschulabschluss zu kommen. Irgendwie haben sie
es geschafft, erwachsen zu werden. Gleiches gilt für ihre Eltern, und
die hatten nicht nur kein Kabelfernsehen, sondern waren vermutlich glücklich darüber, ihr eigenes Schlafzimmer und ein WC im
Haus zu haben. Aber sie wurden erwachsen, und wenn sie bei ihren
Eltern lebten, dann unterstützten sie vermutlich die Älteren – und
nicht umgekehrt.

Das ökonomische Argument ist deshalb nichts weiter als eine Aus-
rede, und eine ziemlich faule noch dazu. Die Nesthocker hängen
nicht zu Hause rum und überlassen Mutti die Wäsche, weil die
Zeiten so hart sind; sie sind dort, weil die Zeiten so einfach sind.
Zuhause ist, wo niemand irgendwelche Forderungen stellt; und
wenn man in einer Blase groß geworden ist, warum sollte man sie
nur deshalb verlassen wollen, weil man das Alter der Mehrheit erreicht hat und wählen gehen darf?

Im Ernst: Warum sollten sie angesichts ihres lieb gewonnenen
Lebensstils aus dem Nest flüchten? Falls sie es je selbst verlassen, wie
können sie dann damit rechnen, ein ebenso schönes Auto zu fahren
wie am Ende der Schulzeit? Wer macht ihnen dann das Frühstück?
Legt ihre Wäsche zusammen? Spült ihr Geschirr?

Eines der Rollenmodelle für diese Generation, die sich weigert,
erwachsen zu werden, liefert ein 29 Jahre alter Student namens
Johnny Lechner, den seine nun schon mehr als zehn Jahre dauernde
Studienzeit am College* berühmt gemacht hat als eine Art König der
Bummelanten. Landesweit wurde über ihn berichtet, er war in den
unterschiedlichsten Fernsehsendungen zu Gast und hat Werbe-
verträge mit namhaften Firmen abgeschlossen.

»Die Wand seines Schlafzimmers«, so ein Zeitungsbericht, »hängt
voller Fotos von Studentenfeten, Halloweenfeiern und Saufge-

---

* Üblich ist eine vierjährige Studienzeit am College.

lagen.«[97] Lechners Endlosstudium hat dazu geführt, dass die University of Wisconsin die Studiengebühren für Langzeitstudenten verdoppelt hat. Dieser Bummelzuschlag firmiert an der Universität deshalb auch unter der Bezeichnung »Johnny-Lechner-Regel«.

Lechner liefert nicht nur keine Entschuldigungen für seine Bummelei, er ist vielmehr sogar stolz auf seinen Status: »18, 19 Jahre alte Mädchen werfen sich mir in den Bars an den Hals.« Und nicht nur das: »Die Angestellten im Supermarkt kennen seinen Namen. Und er hat ein Gefolge von älteren männlichen Studenten, die ihm nacheifern versuchen.«

Eine Berühmtheit unter Supermarktkassierern. Kann es irgendetwas Besseres geben? Vermutlich nicht. Johnny Lechner hat seinen Zenit möglicherweise schon erreicht, und das ist das Problem.

Viele Studenten betrachten den alternden Lechner offenbar als »loser«, und die Geduld mit seinem Gehabe geht allmählich zur Neige. Ein 26 Jahre alter Bummelstudent kann einen gewissen Charme haben; ein Mensch, der mit dreißig noch nicht übers Grundstudium hinausgekommen ist und sich auf Partys herumtreibt, ist eher gruslig. »Es reicht allmählich«, so der Redakteur der Studentenzeitung. »Zum Wohl der übrigen Uni sähen wir's gerne, wenn er hier raus wäre.«

In gewisser Weise hat Lechner durchaus etwas geschafft: Er hat eine eigene Website, jede Menge Publizität, wenn er seinen Abschluss wieder einmal nicht schafft, und einen gottgleichen Status bei Supermarktverkäufern. Anders ausgedrückt: Er weiß, dass er seine Nische gefunden hat. Sobald er seinen Abschluss macht, ist alles vorbei – er verliert das, was ihn ausmacht: Er ist dann nur ein weiterer alternder »loser«, der es nicht geschafft hat, irgendwelche besonderen Fertigkeiten zu erwerben, und dessen einzige Leistung darin besteht, in seinem Leben nichts gebacken zu kriegen.

Zumindest hat er jede Menge Gesellschaft. J.T. O'Donnell, Karriereberaterin für die Generation Y, sagt, Lechners Nicht-Erwachsenwerden sei inzwischen so verbreitet, dass sie dem Phänomen eine eigene Bezeichnung gegeben habe:»Karrierebeginnkrise«. Dieses Syndrom befällt offenbar schrecklich viele der verwöhnten, privilegierten Kinder mit ihrem Anspruchsdenken, deren Erwartungen den Übergang zur Selbstständigkeit so traumatisch machen.[98]

»Die Generation der sofortigen Belohnung wurde mit Hilfe aller möglichen Bestechungsmittel in Richtung der erwünschten Verhaltensformen gelockt«, so O'Donnell.»Ob Geschenke, Lob, Abzeichen oder Noten: Diese Generation ist es gewöhnt, einen Anreiz dafür zu bekommen, dass sie tut, was man von ihr erwartet.«

Worin aber besteht der Anreiz, erwachsen zu werden, sich einen Job zu suchen und zu Hause auszuziehen, wenn nicht in einem ordentlichen Tritt in den Hintern, wenn du's nicht tust?

Wie also wäre es, die Schande zu meiden, dass du mit 35 noch immer in deinem Kinderzimmer wohnst und als alternder »loser« und verwöhntes Mamasöhnchen giltst? Ist das nicht Anreiz genug?

Wieder nach Hause zu ziehen zögert das Unvermeidliche jedenfalls nur hinaus: Erwachsenendasein und Verantwortung lauern schon darauf, dass ihre Zeit endlich kommt. Du kannst bummeln, aber du kannst dich nicht ewig verstecken.

Regel

24

Batmans Freundin hat recht:
»Nicht was du unten rum hast, legt fest,
wer du bist, sondern was du tust.«*

Gute Absichten reichen nicht; es genügt nicht, »lauter« zu sein – du
musst die richtigen Entscheidungen treffen und das Richtige tun.

Jeder Idiot glaubt, dass er tief in sich drin ein guter Mensch ist, und
die Gefängnisse sind voller Missverstandener. Der Kriminologe
Anthony Daniels meint, die meisten Kriminellen würden an das
glauben, was er als das »wahre Ich« bezeichnet, und dieses »wahre
Ich« ist nicht der Kerl, der andere verprügelt, Raubüberfälle begeht,
vergewaltigt oder mit Drogen handelt. »Nein, das ›wahre Ich‹ ist eine
unbefleckte Vorstellung, unberührt von menschlichem Verhalten; es
ist ein unangreifbarer, tugendhafter Kern, der es mir erlaubt, den
Respekt vor mir selbst zu wahren, egal, was ich tue.«[99]
Menschen, die glauben, man sollte sie nach ihrem Gefühl beurteilen, berufen sich üblicherweise auf ihre hehren Absichten. Doch

---

* In *Batman Begins*.

Lauterkeit genügt nicht. Für einen Arzt oder Architekten reicht es nicht, ehrbare Absichten zu haben; der eine muss Operationen so vornehmen, dass die Patienten überleben, und der andere muss Gebäude entwerfen, die nicht einstürzen. Lauterkeit allein wird keinen Herzpatienten retten oder die Elenden in einer Suppenküche satt machen. Der Autor Tom McMahon meint, unsere Absichten würden durch die härteren Lebenssituationen auf die Probe gestellt: »Liebe kümmert sich um dich, wenn du krank bist. Sie besucht dich im Krankenhaus. Sie kommt zur Beerdigung, wenn der von dir geliebte Menschen stirbt. Die Liebe vergisst nicht anzurufen; sie vergisst nicht vorbeizukommen. Weil Liebe *immer* ihre Rolle spielt. Sie spielt keine andere Rolle.

Wenn jemand sagt: ›Es tut mir leid, ich hab's einfach nicht geschafft, dich im letzten halben Jahr im Krankenhaus zu besuchen, aber ich liebe dich noch immer‹, dann weißt du, dass das nicht stimmt, denn die Liebe würde nicht so handeln. Das Ein-halbes-Jahr-lang-nicht-Kommen ist eine andere Rolle, eine, die die Liebe nicht spielt.«[100]

Mit anderen Worten: Liebe ist ein *Verhalten*, nicht nur ein *Gefühl*. Es ist egal, ob du aufrichtig bist. Es kommt darauf an, was du tust.

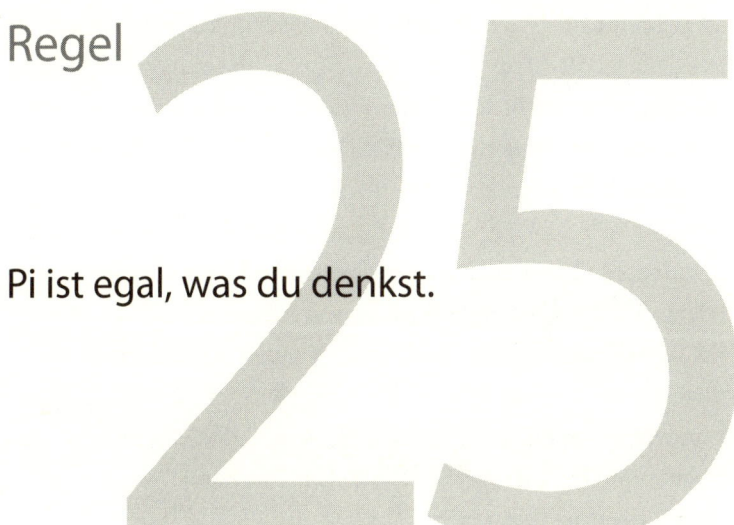

Regel

Pi ist egal, was du denkst.

Ungeachtet deiner Meinung, deiner persönlichen Vorlieben oder deines Bedürfnisses, »wirklich du selbst zu sein«, ist die Kreiszahl Pi, die das Verhältnis des Umfangs eines Kreises zu seinem Durchmesser beschreibt, annähernd 3,14159265358979323846. Das ist anders als im Fall der Diskussion über Rot- oder Lilastift: Pi ist, was es ist, ganz gleich, wie du dich dabei fühlst.

Wasser kocht bei 100 °C; die Lichtgeschwindigkeit in einem Vakuum beträgt 1 079 252 848,8 km/h; ein Basketballfeld ist 28 mal 15 Meter groß; ein normales Fußballtor ist 7,32 Meter breit und 2,44 Meter hoch; und der Gipfel der Zugspitze liegt auf 2962 Meter über NN.

Der Science-Fiction-Autor Philip K. Dick definiert die Realität als das, »was nicht weggeht, wenn du aufhörst, daran zu glauben«.[101] Anders ausgedrückt: Nicht jede Wahrheit ist subjektiv oder relativ, auch wenn du noch so oft hörst: »Gut, das ist jetzt nur meine Meinung.« Natürlich sind bestimmte Dinge wirklich eine Sache persönlicher Meinung, wie etwa dein Musikgeschmack oder ob du Rot lieber magst als Blau. Doch andere Tatsachen weigern sich hartnäckig, sich deinen Bedürfnissen, Wünschen, Absichten oder Gefühlen anzupassen. Denk daran, wenn du das nächste Mal versucht bist zu glauben, die Welt drehe sich um dich.

Ingenieure können machen, was ihnen Freude bereitet, aber wenn sie die mechanischen Eigenschaften von Stahl nicht kennen, werden ihre Gebäude einstürzen; und Anwälte müssen, selbst wenn sie ihr ganzes Leben lang vor Völkerball bewahrt wurden, die Prozessregeln kennen, oder sie verlieren ihr Mandat. Deine persönlichen Ansichten haben wenig Einfluss auf die Physik eines Zweieinhalbtonnenautos, das in die Leitplanken kracht.

Eines Tages, als er gerade einmal nicht mit dem Bürgerkrieg beschäftigt war, sagte Abraham Lincoln: »Wie viele Beine hat ein Hund, wenn man den Schwanz als Bein bezeichnet? Vier. Denn den Schwanz als Bein zu bezeichnen heißt nicht, dass er auch eines ist.« Michael Barone würde sagen: Das harte Amerika ist sich dessen bewusst, das weiche nicht.[102]

Wie eine Softballmannschaft, die ins Trainingslager der Footballcracks von den New York Yankees einzieht, betrachten die Pädokraten, Berater, Professoren, Meinungsmacher und Therapeuten des weichen Amerika das harte Amerika oftmals mit einer Mischung aus Verachtung und Angst. Menschen, die ihren Lebensunterhalt mit Reden oder Fühlen verdienen, haben stets einen nagenden Minderwertigkeitskomplex gegenüber Menschen, die Dinge *machen*, vor allem gegenüber denen, deren Leistungen sich messen und nach exakten Standards beurteilen lassen. Ärzte, Feuerwehrleute, Piloten und Architekten müssen ihre Sache richtig machen; das weiche Amerika muss lediglich ein gutes Gefühl dabei haben.

Regel

26

Ein moralischer Kompass gehört nicht zur Standardausstattung.

Die Menschen können nicht immer von Natur aus richtig und falsch voneinander unterscheiden, und deine Gefühle weisen den Weg zu moralischem Verhalten in etwa ebenso verlässlich, wie dein Appetit dir in höherer Algebra weiterhilft.

H.L. Mencken beschrieb das Gewissen einmal als »Schwiegermutter, deren Besuch kein Ende findet«.[103] Das setzt voraus, dass du eine Schwiegermutter hast und dass du ein Gewissen hast oder zumindest den Unterschied zwischen richtig und falsch kennst.

Leider ist dir dieser Unterschied möglicherweise nicht beigebracht worden, denn die Urteilslosigkeit bildet in der heutigen Gesellschaft fast schon so etwas wie ein geheiligtes Prinzip. Statt den Kindern moralische Orientierungspunkte zu geben, ermuntern wir sie, ihre eigenen Werte zu »entdecken«. Diese Haltung gründet auf einer ziemlich abenteuerlichen Vorstellung: Da es keine der Kulturen irgendwo auf der Welt im gesamten Verlauf der bisherigen Mensch-

heitsgeschichte geschafft hat, einen moralischen Verhaltenskodex
zu entwickeln, den man mit gutem Gewissen hätte weitergeben
können, können wir es den Siebtklässlern überlassen, ihren eigenen
Moralkodex zu entwerfen.

Das reduziert moralische Entscheidungen auf eine persönliche
Geschmacksfrage, so wie man das rote T-Shirt statt des blauen
nimmt. Wenn es keine richtige oder falsche Antwort gibt, ist die
Entscheidung von dem einen nicht besser als die von irgendeinem
anderen. Das Nicht-Beurteilen ist bequem und einfach, aber es ist
kein moralisches Urteilen: Es bedeutet ganz einfach, dass wir jede
Entscheidung, die wir treffen, rational erklären können. Und die
meisten von uns sind sehr, sehr gut darin, das eigene Verhalten ver-
nunftmäßig zu erklären.

Das bestätigt offenbar auch eine neue Umfrage unter 25 000 High-
school-Schülern, die ein beklemmend hohes Maß an Betrug, Dieb-
stahl und Unaufrichtigkeit zutage förderte – aber auch herausfand,
dass dieselben Kinder ihre Moral, ihren Charakter und ihre Vertrauenswürdigkeit durchaus positiv bewerten.[104]

Die Umfrage des Josephson Institute of Ethics ergab, dass fast zwei
Drittel der Schüler (62 Prozent) zugaben, bei Schulaufgaben betrogen zu haben, während jeder Vierte (27 Prozent) in den vorangegan-
genen zwölf Monaten einen Ladendiebstahl begangen hatte. Vierzig
Prozent sagten, sie würden »gelegentlich lügen, um Geld zu sparen«.

Doch irgendjemand muss auch goldene Abzeichen für moralische
Selbstgewissheit vergeben haben: Fast alle Schüler (98 Prozent) sagten, es sei für sie wichtig, ein charakterlich guter Mensch zu sein,
doch statt anzuerkennen, dass sie logen und betrogen, gaben 92 Prozent an, sie seien mit ihrer Moral und ihrem Charakter zufrieden.
Fast drei Viertel (74 Prozent) schätzten ihr eigenes moralisches Verhalten höher ein als das ihrer Schulkameraden.

»Es ist nicht gerade beruhigend zu wissen«, so der Leiter des Instituts, Michael Josephson,»dass die Mehrheit der kommenden Generation von Polizisten, Politikern, Buchhaltern, Anwälten, Ärzten, Atominspektoren und Journalisten als reuelose Betrüger in die Arbeitswelt eintritt.«

Das Josephson Institute erklärte die Diskrepanz zwischen der Unaufrichtigkeit und der eitlen Selbstzufriedenheit der Schüler mit einem »hohen Maß an Zynismus«, insbesondere unter jungen Männern.

Zwei Drittel der Jungs sagten:»In der wirklichen Welt tun erfolgreiche Menschen das, was sie tun müssen, um zu gewinnen, auch wenn andere das als Betrug werten.« Bei den Mädchen stimmte dieser Behauptung knapp die Hälfte zu (52 Prozent).

Hier nun der Realitäts-Check: In der wirklichen Welt können Betrug und Lügnerei deinen Ruf zerstören und deine Karriere, dein Leben und deine Zukunft kaputt machen. Ein solches Verhalten kann dich deine Familie, dein Zuhause, deinen Job, ja sogar deine Freiheit kosten. Du kannst mit noch so vielen professionellen »Helfern« sprechen, am Ende wird man dich danach beurteilen, ob man dir trauen kann oder nicht.

Regel 27

Deine Geschlechtsteile sind nicht dazu gedacht, sich tiefschürfende Gedanken zu machen oder Entscheidungen zu treffen.

Das wusstest du, oder? Es sei denn, du hörst immer noch auf sie, als hätten sie dir Sinnvolles mitzuteilen, und wenn du ein 16 Jahre alter Junge bist, dann hörst du vermutlich ... die ganze Zeit auf sie.

Dafür gibt's einen Grund: Erwachsene zögern, das auszusprechen, und einige haben's vielleicht auch schon vergessen, aber Sex macht Spaß. Es fühlt sich einfach wahnsinnig gut an, und wenn du nicht gerade in der hinteren Mongolei lebst, dann wirst du geradezu überflutet mit Botschaften, die dich dazu drängen, dich dazuzuschalten und Spaß zu haben.

Die Popkultur, die das glamouröse und aktive Sexleben anpreist, hat deinen wilden Willi mit einem Megafon, einer Reklametafel, einem Netzwerk und ungefähr tausend Webseiten versorgt. Schalt MTV ein, zapp dich durchs abendliche Fernsehprogramm oder schlag irgendein Massenblatt auf, und du wirst den Eindruck haben, dass die gesamte Welt »geil« ist. Geh ins Internet, und du findest zehntausend Pornoseiten, auf denen Menschen Dinge treiben, von denen deine Großeltern noch nicht einmal glaubten, dass sie anatomisch überhaupt möglich seien. Und es ist alles total ehrlich: Deine Geschlechtsteile wollen ganz aufrichtig das, was sie wollen, und sie wollen es jetzt.

Um all dem zu widerstehen, bedarf es in beträchtlichem Maße einer Sache, die man dir möglicherweise nicht beigebracht hat: Selbstbeherrschung.

Eine Untersuchung der London School of Economics über das Onlineverhalten von Kindern und Jugendlichen fand heraus, dass 57 Prozent der Neun- bis Neunzehnjährigen, die mindestens einmal pro Woche ins Internet gehen, auf Pornografisches stoßen. (Die Eltern sind ahnungslos: Nur 16 Prozent glauben, ihre Kinder hätten sich im Internet Pornos angeschaut.)[105]

Vor einer Generation stibitzte der gewöhnliche Junge den *Playboy* von seinem Vater und nahm ihn mit ins eigene Zimmer, um dort einen wilden Ritt mitten hinein in den hormonellen Aufruhr zu unternehmen. Hugh Hefners Fantasiewelten brachten auch Papa auf Trab, während ihm bei einem durchschnittlichen Video auf MTV vermutlich das Herz stehen geblieben wäre. Sicher, die Hormone rebellierten auch in den längst vergangenen Zeiten, als deine Eltern jung waren, aber es gab Grenzen. Selbst im legendären Sommer der Liebe gingen die meisten Typen allein und frustriert ins Bett, und deshalb plagt etliche Babyboomer der Gedanke, sie hätten etwas verpasst. Bei vielen von ihnen entschädigt Viagra für die Enttäuschungen der sechziger und siebziger Jahre.

Über Generationen versuchten es die Jungs bei jungen Frauen mit den verschiedensten Maschen, unter anderem mit eloquentem Flehen, ihre Liebe beweisen zu dürfen, und mit »Das ist mein letzter Tag, bevor ich in den Krieg muss«, doch die Mädchen blockten nicht selten ab, und die Ergebnisse fielen gemischt aus. Ein paar Typen

versuchten ihre Freundinnen sogar davon zu überzeugen, dass
Oralsex gar kein richtiger Sex sei, aber niemand glaubte das, bis Bill
Clinton kam. Deine Eltern wären vermutlich schockiert von der Vorstellung, dass es so etwas wie »Fickfreunde« gibt.

Einige Studien behaupten, jedes dritte Mädchen habe bereits vor
seinem 16. Geburtstag sexuelle Erfahrungen gemacht; wenn sie 18
werden, seien es zwei Drittel aller Mädchen; bei den Jungs sieht es
in etwa ähnlich aus, wobei allerdings zu bedenken ist, dass sie bei
diesem Thema eher die Unwahrheit sagen. Mit anderen Worten:
Eine Generation, die von Erwachsenen eher selten ein Nein zu hören
bekommen hat, tut sich schwer, zum anderen Nein zu sagen, auch
wenn die Folgen oftmals brutal sind.

Ernsthafte Beobachter behaupten gerne, Armut führe zu Teenagerschwangerschaften. Das ist natürlich absurd: Teenagerschwangerschaften werden von sexgeilen Teenagern verursacht. Es bedarf
schon einer ganz speziellen Form von journalistischem Politikstrebertum, um zu glauben, die Ökonomie sei wichtiger als die
Hormone.

Richtig aber ist, dass eine der besten Möglichkeiten, arm zu werden, darin besteht, schwanger zu werden. Mädchen, die als Teenager
schwanger werden, brechen eher die Schule ab, besuchen keine
Hochschule und enden in irgendeiner Form von sozialer Unterstützung. Und das ist nur der Anfang.

Junge Menschen, die schon früh Sex haben, bekommen mit größerer Wahrscheinlichkeit Geschlechtskrankheiten, werden eher
depressiv und neigen sogar stärker zum Selbstmord. Die Kinder, die
sie zur Welt bringen, wiegen bei der Geburt zu wenig und tun sich
in der Schule eher schwer, und sie werden statistisch häufiger Opfer
von sexuellem Missbrauch oder häuslicher Vernachlässigung. Laut
einer Studie haben die Söhne von Teenagermüttern eine um 13 Prozent höhere Wahrscheinlichkeit, hinter Gittern zu landen. Die

Töchter jugendlicher Mütter haben sogar eine um 22 Prozent größere Wahrscheinlichkeit, dass sie selbst schon im jugendlichen Alter schwanger werden – ein gutes Argument für Kondome, aber ein noch besseres, sich zurückzuhalten, es sei denn, du willst gerne mit deiner Zukunft Russisches Roulette spielen.[106] Die Belohnung hinauszuzögern verlangt nicht nur Selbstbeherrschung, sondern auch die Bereitschaft, dich und deinen Partner zu respektieren – eine gute Eigenschaft, die man für sich entdecken sollte, bevor man versucht, im Waschsalon gemeinsam rote und weiße Unterwäsche zu sortieren.

Daraus ergibt sich logischerweise folgende Regel: Selbstbeherrschung + Vertrauen + Zuverlässigkeit = Freiheit. »Du selbst zu sein« heißt nicht, dass du Sklave deines »Ich will« sein musst. Du befreist dich nicht von deinen Eltern oder von deinen Lehrern, wenn du nicht in der Lage bist, deine Launen, deine Wut, deinen Hunger oder deine Lust zu kontrollieren. In der Vergangenheit warnten die meisten verantwortungsbewussten Erwachsenen junge Menschen davor, sich von ihren Leidenschaften beherrschen und den Gefühlen freien Lauf zu lassen. Der Prozess der Zivilisation lässt sich sogar als Erlernen der Kunst der Selbstbeherrschung definieren. Diese Kunst ist nicht zwangsläufig dasselbe wie »deiner Glückseligkeit zu folgen«, die oftmals in Gestalt einer knallengen Jeans auftaucht.

In der Zwischenzeit darfst du in der Intimsphäre des eigenen Schlafzimmers mit einem willigen Erwachsenen alles tun, wonach dir der Sinn steht, vorausgesetzt du bist ebenfalls erwachsen und mit deinem Partner verheiratet, zahlst für das Schlafzimmer, benutzt Verhütungsmittel, weißt über Geschlechtskrankheiten Bescheid, bist krankenversichert und weißt, wie das mit Kinder- und Erziehungsgeld geregelt ist. Falls nicht, lass deinen wilden Willi lieber in der Hose.

Regel

Kann sein, dass jemand zuschaut ...

Jedes Mal, wenn du ins Internet gehst, etwa auf Seiten wie My Space oder Facebook, solltest du an den Erzschurken im Kino denken, der höhnt:»Du hast keine Vorstellung, worauf du dich einlässt.« Im Netz gilt das im wörtlichen Sinne.

Wenn du etwas ins World Wide Web stellst, hast du keine Ahnung, wer das womöglich liest oder sieht, und du hast keine Kontrolle darüber, wozu es benutzt wird. Brüste dich auf My Space mit dem Saufgelage oder dem sexuellen Abenteuer vom letzten Wochenende, und du hast die besten Chancen, dass dein potenzieller Arbeitgeber, bei dem du am Montag zum Vorstellungsgespräch eingeladen bist, diese pikante Information gleich deiner Akte hinzufügt. (Den Job kannst du dann vermutlich vergessen.) Wenn du ein Bild von dir ins Netz stellst oder die Mädels aus der Klasse unter dir in »hot or not« einteilst, können sich das Klassenkameraden, ein Nachbar, ein Pädophiler oder einer von der Schulbehörde herunterladen. Vielleicht ruft dich sogar der Vater eines Mädchens an, dem du dicke Beine attestiert hast. Sage nicht, man hätte dich nicht gewarnt.

Das alles sind auch hervorragende Gründe dafür, nie etwas vor einer Webcam zu tun, was du nicht auch auf einer Schulversammlung tun würdest. »Das Gewissen«, so H.L. Mencken, »ist die innere Stimme, die uns davor warnt, dass uns jemand zuschaut.« Was aber, wenn jeder zuschaut? Wenn du nicht sicher bist, ob dein moralischer Kompass funktioniert, probier Folgendes: Wenn du entscheidest, ob du etwas tun sollst, stell dir vor, wie du auf der Titelseite einer Zeitung aussehen wirst. (Nehmen wir mal an, dass die Menschen nach wie vor Zeitung lesen. Wem das zu altmodisch erscheint, der kann dafür auch irgendeines der bekannten Foren im Internet einsetzen.)

Du wirst nicht nur dich selbst in Verlegenheit bringen, sondern auch alle anderen, die eng mit dir verbunden sind, allen voran deine Eltern. Ob du betrunken Auto gefahren bist oder bei einer Prüfung betrogen hast, ob du dir auf dem Rücksitz des Autos deines Kumpels einen Joint angezündet oder zur letzten Feier der Studentenverbindung eine Stripperin bestellt hast, ob du Steuern hinterziehst oder dich an irgendwelchen obskuren Mutproben beteiligst – am nächsten Morgen sieht alles ganz anders aus, und es ist etwas ganz anderes, ob du's in Schwarzweiß siehst oder live auf Video morgens um elf.

In einer Welt, in der das Prinzip Null Toleranz herrscht, können private Ausrutscher zu öffentlichen Skandalen werden, und du kannst nicht auf irgendwelche Leute weiter oben zählen, die dich da raushauen. Wenn du also Entscheidungen treffen musst, stell dir folgende Fragen: Wie würde das für andere Menschen aussehen? Wie würde ich das meinen Eltern erklären? Meinen Geschwistern? Meinen Freunden? Meinen Klassenkameraden? Meinem Trainer? Meinen Kollegen? Meinen Nachbarn? Meiner Freundin bzw. meinem Freund? Oder Menschen, die ich gerade im Waschsalon getroffen habe? Könntest du ihnen das so erklären, dass sie es alle so sehen wie du? Würden sie den Witz an der Sache verstehen? Oder würden sie sich fragen, was du dir möglicherweise dabei gedacht hast?

Natürlich glaubten damals alle, sie hätten eine ganz tolle Idee:

- Die Gymnasiasten, die ihrem Lehrer ein Abführmittel in den Kaffee kippten und denen jetzt gefährliche Körperverletzung vorgeworfen wird.

- Die Mitglieder einer Mädchenfußballmannschaft, deren Unterwäsche-Inititation jetzt im Netz zu sehen ist.

- Der Kapitän der Schulmannschaft im Basketball, der das große Turnier auf Landesebene verpasst, weil im Internet ein Bild von ihm kursiert, das ihn mit einem Joint zeigt.

- Der ehemalige Schülersprecher, der obszöne Bilder von Schulpersonal auf My Space eingestellt hat.

- Der Feuerwehrmann, der verhaftet wurde, weil man Kinderpornos auf seinem Computer entdeckt hat.

- Der Bundesligafußballer, der erklären muss (zunächst seiner Frau und dann der Polizei), was er mit Minderjährigen von der katholischen Mädchenschule im Warmwasserbecken so treibt.

- Der Anwalt, der sich die Gelder »borgte«, die er für einen seiner Klienten treuhänderisch verwalten sollte.

- Der Vorstandsvorsitzende, der erklären muss, warum für seine private Geburtstagsfeier mehrere zehntausend Euro Firmengelder gezahlt wurden.

Gelegentlich wirst du jemandem begegnen, der dir erklärt, wir sollten uns nicht darum kümmern, was andere denken. Aber solange du nicht vorhast, in einer entlegenen Einsiedelei irgendwo in der Wüste zu leben, ist das Unsinn.

Noch bedrohlicher wird das Ganze dadurch, dass die moderne Technik das »ewige Gedächtnis« geschaffen hat, mit dem die Lehrer den Kindern seit Generationen Angst einjagen. Jetzt ist wirklich alles, was du tust, dauerhaft gespeichert, und du musst es nur googlen.

Regel

Lerne, mit Heuchelei und Scheinheiligkeit umzugehen.

Deine Eltern mögen Drogen genommen, Blödsinn getrieben und eine Menge Dinge getan haben, die sie dir verbieten. Das gibt dir aber noch lange nicht das Recht, sie zu ignorieren: Auch wenn wir in jungen Jahren töricht sind, werden wir manchmal erwachsen und wollen nicht, dass die Menschen, die wir lieben, ebenfalls so törichte Sachen machen.

»Heuchelei ist eine Huldigung, die das Laster der Tugend darbringt«, schreibt der französische Moralist François de La Rochefoucauld in seinen *Maximen und Reflexionen*.[107] (Und er als Franzose muss es natürlich gewusst haben.)

Was er damit meinte, war, dass die Heuchelei die Tugend nicht in Verruf bringt: Sie gibt ganz einfach zu, dass diese die schöneren Kleider hat und borgt sie sich deshalb. Ein Heuchler ist jemand, der das eine sagt und etwas ganz anderes tut, aber zumindest weiß, dass er so klingen sollte, als würde er das Richtige tun. Mit anderen Worten:

Seine Heuchelei erkennt an, dass es etwas Richtiges gibt und dass dieses dem, was er tut, vorzuziehen ist.

Üblicherweise ist der Heuchler leicht auszumachen: der Priester, der Enthaltsamkeit predigt, selbst aber die Messdiener begrapscht; der Promi, der mit seinem Privatflugzeug unterwegs ist, andere aber ständig zum Energiesparen auffordert; Mitglieder des Parlaments, die über Moral debattieren.

Aber ist es heuchlerisch, wenn jemand, der in seiner Jugend viel getrunken hat, dich vor übermäßigem Alkoholkonsum warnt? Oder wenn deine Mutter, die gelegentlich ungeschützten Sex hatte, als sie so alt war wie du, dir nahelegt, doch bitte immer Kondome zu benutzen? Oder greifen sie lediglich auf hart erworbene Erfahrungen zurück, unter anderem auf die, dass sie mit ansehen mussten, wie Menschen, die sie kannten, ihr Leben verpfuschten, wenn sie denn überhaupt überlebt haben? Wer wüsste schließlich besser um die Gefahren von Saufgelagen als ein ehemaliger Alkoholiker? Und wer hätte mehr Einblick in den Leichtsinn des promisken Liebeslebens als eine 32 Jahre alte alleinerziehende Mutter mit ihrer 16-jährigen Tochter? (Rechne das mal nach.)

Wenn die Fehltritte des Botschafters die Botschaft nicht in Misskredit bringen, ist es gleichzeitig so, dass Ehrlichkeit Fakten, Logik und Realitätssinn nicht ersetzen kann. Die ehrliche, reine Aufrichtigkeit des Sprechers macht aus einer schlechten Begründung noch keine gute. Wäre dem so, müssten wir möglicherweise in Sachen Weltwirtschaft auf Hollywoodstars hören.

Doch in unserer urteilsscheuen Gesellschaft bleibt die Heuchelei eine der letzten wirklich abscheulichen Sünden, die oft als schlimmer eingestuft wird als Lügen oder Bestechlichkeit. Jemanden »Heuchler« zu nennen ist noch immer eine der schlimmsten Beschimpfungen – schlimmer noch als »reaktionärer Zombie«. Folglich wird der Vorwurf der Heuchelei oftmals als Trumpfkarte benutzt, um Punkte zu sammeln, indem man die Gegenseite diskreditiert. Leider wird dieser Vorwurf auch dazu verwendet, eine Menge guter Ratschläge verpuffen zu lassen.

Ein Argument abzutun, indem man dem, der es vorbringt, Heuchelei vorwirft, ist der bequemste Weg, um selbst zu punkten, doch es ist auch das, was man in der klassischen Rhetorik als *argumentum ad hominem* bezeichnet: eine Attacke auf eine Person und nicht auf ihre Vorstellungen. Das ist verführerisch, denn damit erklimmt man moralische Höhen, es ist aber auch eine bequeme Taktik. Bequem deshalb, weil sie auf moralisches Gehabe setzt, statt danach zu fragen, ob ein Argument wirklich stichhaltig ist. Und sie ist auch bequem, weil sie dir erlaubt, mühelos so gut wie alles zu ignorieren, was Erwachsene sagen, denn in der Regel genügt von ihnen niemand den Vollkommenheitsstandards, wie sie von Idealisten gefordert werden, die das Etikett Heuchelei wie eine Art Schandmal vergeben.

Das Problem dabei ist, dass sich die Menschen nicht so einfach in Heilige und Sünder einteilen lassen. Die meisten sind komplexer und interessanter, eine Mischung aus Stärken und Schwächen, Einsichten und blinden Flecken. Wenn du Vollkommenheit verlangst, wirst du enttäuscht werden. Wenn du beschließt, nur auf vollkommene Menschen zu hören, wirst du merken, dass du damit ziemlich allein bleibst.

Wie sagt doch Judith Martin, unsere Expertin in Sachen Manieren und Etikette:»Heuchelei ist nicht generell eine soziale Sünde, sondern kann auch eine Tugend sein.«[108]

Eine der schlimmsten Vorstellungen, die in den sechziger Jahren aufkam und bis heute wirksam ist, ist die Überzeugung, gute Manieren seien falsch, denn sie seien nicht authentisch und unehrlich. Es ist kaum zu fassen, aber das gilt als tiefgründige Erkenntnis, während es doch offensichtlich sein sollte, dass Manieren der Schmierstoff sind, der es der Gesellschaft erlaubt, all die Reibungen zu überstehen, die auftreten, wenn man in einem Raum mit Menschen zusammen ist, die man nicht ausstehen kann.

Zu den guten Manieren gehört es, höflich gegenüber Menschen zu sein, die einen nerven, Menschen anzulächeln und ihnen die Hand zu geben, auch wenn man sie für Vollidioten hält, sich dankbar zu zeigen für Geschenke, die einem nicht gefallen, und interessiert zu tun, wenn dir dein Onkel zum zehnten Mal die gleichen langweiligen Geschichten und lahmen Witze erzählt. Es heißt auch, freundlich gegenüber Menschen zu sein, die man nicht kennt, und Gäste und Fremde zuvorkommend zu behandeln.

Ist das Heuchelei? Nein, das ist zivilisiertes Verhalten, und du solltest es vielleicht mal damit versuchen.

Regel 30

Null Toleranz = Null gesunder Menschenverstand

Eine Politik nach dem Prinzip Null Toleranz ist das komplette Gegenteil zur Entwicklung eines moralischen Kompasses, denn eine solche Politik erfordert überhaupt kein Nachdenken. Besonders beliebt ist sie deshalb bei den Langsamen, den Faulen und den Bürokraten. Versuche stattdessen lieber, deinen Verstand zu gebrauchen.

Die Liste der Albernheiten wird jedes Jahr länger:

Das Kindergartenkind, das zeitwillig ausgeschlossen wurde, weil es eine Wasserpistole in Dinosaurierform mitbrachte und damit gegen das absolute Waffenverbot verstieß; ein Junge, der die Grundschule verlassen musste, weil er mit seinem Finger auf andere zielte und dabei »Peng« sagte; ein elfjähriges Mädchen, das drei Tage lang vom Unterricht suspendiert wurde, weil es gedankenverloren Strichmännchen seiner Lehrer mit von einem Pfeil durchbohrten Köpfen kritzelte.[109]

In einer Hochburg des Null-Toleranz-Wahns wurde ein acht Jahre alter Drittklässler für sieben Tage suspendiert, nachdem seine Mutter ihm zusammen mit der Erdnussbutter und der Marmelade auch ein Buttermesser für das Pausenbrot eingepackt hatte;[110] an einer anderen Schule wurde ein Schüler vom Unterricht verbannt, weil er ein Schweizer Taschenmesser dabeihatte; und in Texas wurde ein Spieler der Schulmannschaft im Baseball bestraft, weil er einen Baseball-Schläger, den er als Souvenir bekommen hatte, auf dem Vordersitz seines Autos liegen hatte – die Schulleitung entschied, dass er als Waffe zu werten sei. Die echten Schläger in seinem Kofferraum dagegen interessierten sie nicht.[111]

»Die Natur«, so die äußerst kluge Formulierung von H.L. Mencken, »verabscheut Idioten.«[112] Von Schulbehörden lässt sich das offenbar nicht sagen, denn sie stellen Idioten nicht selten als Schulleiter ein.

Im US-Bundesstaat Indiana merkte ein Achtklässler, dass er unabsichtlich ein Schweizer Taschenmesser in seiner Jackentasche in die Schule mitgebracht hatte, und lieferte es sogleich im Schulsekretariat ab, wurde aber trotzdem für zehn Tage suspendiert. Der Schulleiter empfahl den Ausschluss des Jungen, obwohl der die Wahrheit gesagt und richtig gehandelt hatte.[113] Geht man davon aus, dass mit dem Waffenverbot Messer aus der Schule herausgehalten werden sollen, dann hat es bestens funktioniert, als der Schüler es abgab. Die Botschaft, die seine Suspendierung an andere Schüler übermittelte, sollte vermutlich lauten, alle Waffen versteckt und vom Schulpersonal möglichst fernzuhalten.

Diese Form von Schwachsinn findet sich auch in der Umsetzung der Drogenpolitik wieder. Einige Sesselfurzer in der Verwaltung glauben, Schmerzpräparate wie Midol und Advil müsse man mit der gleichen Dringlichkeit und Ernsthaftigkeit behandeln wie Heroin. Regeln sind schließlich Regeln, und von Beamten kann man nicht erwarten, dass sie zwischen einem Halluzinogen und einem Schmerzmittel unterscheiden. So wurden 15 Realschüler suspendiert und zu einer »Antidrogenberatung« verdonnert, weil sie Alka-Seltzer-Tabletten genommen haben.

Im US-Bundesstaat Louisiana schloss die Schulleitung die Schülerin Amanda Stiles für ein Jahr aus, weil sie eine einzige Advil-Tablette dabeihatte. Das überall frei erhältliche Schmerzmittel fand man bei einer Durchsuchung von Amandas Handtasche, nachdem der Lehrer einen Hinweis erhalten hatte, Amanda habe in der Schule geraucht. Man fand zwar weder Zigaretten noch Feuerzeug, dafür aber diese Tablette. Der Schulinspektor erklärte, die Suspendierung »stehe im Einklang mit der Null-Toleranz-Politik der Behörde«.[114]

Dabei geht es natürlich in keinster Weise darum, die Kinder zu schützen oder ihnen richtiges Benehmen beizubringen. Es geht vielmehr um Beamte, die ihren Arsch retten.

Statt Kinder dazu zu ermutigen, vernünftig zu urteilen, zeigt das Prinzip der Null Toleranz Erwachsene von ihrer willkürlichsten und dümmsten Seite, vor allem wenn sie Schüler bestrafen, die richtig handeln.

Ein jüngerer Abkömmling des Null-Toleranz-Prinzips ist die Verbannung von zuckerhaltigen Getränken und Riegeln aus den Schulen, um damit der Fettleibigkeit bei Kindern zu begegnen. Die Annahme, die dahintersteckt, lautet: Wenn es an der Schule keine Fanta gibt, dann wird der kleine dicke Michael nicht in der Lage sein, es irgendwo anders zu bekommen. Und wie mir jemand ernsthaft weismachen wollte, könnten wir es schlicht nicht riskieren, Kindern ein funktionierendes Urteilsvermögen beizubringen.

Das ist völlig logisch: Wie können Erwachsene erwarten, dass Kinder ihren gesunden Menschenverstand gebrauchen, wenn sie Angst haben, es selbst zu tun? Lassen wir diese Erwachsenen nicht zu Rollenvorbildern werden.

Regel 31

Nackte Menschen sehen im wirklichen Leben ganz anders aus.

Die Begeisterung Hollywoods für Hyperschlanke hat zum sogenannten Lollipop-Look geführt. Von ihm spricht man, wenn eine Leinwandberühmtheit so sehr abgemagert ist, dass ihr Kopf für ihren knochigen Körper viel zu groß wirkt. Aber glaub bitte ja nicht, dass dieser Skelett-Look normal oder vielleicht glamourös ist, es sei denn, deine Definition von Glamour umfasst auch Magersucht, Bulimie, Magenbypässe sowie schwächende und auszehrende Krankheiten. Und verwechsle bitte nicht das Körperbild der Promiwelt mit dem tatsächlichen Aussehen der Körper wirklicher Menschen.

Das ist möglicherweise gar nicht so leicht, denn deine Generation ist vielleicht die erste, die durch die Pubertät kommt, ohne jemanden persönlich nackt gesehen zu haben. Entscheidend ist hier der Zusatz »persönlich«, denn natürlich hast du mit einem Mausklick Zugang zu 100 000 Bildern von Nackten. Aber zumindest hat man dich davor bewahrt, je einen nackten Klassenkameraden nach dem Sport in der

Dusche zu sehen. Das wäre ganz offensichtlich zu viel Wirklichkeit
für dich.

Das war nicht immer so. Seit Generationen war das gemeinsame
Duschen ein ganz normaler Bestandteil des Lebens, ein Routineakt,
der in erster Linie mit Hygiene, gesundem Menschenverstand und
der Tatsache der Pubertät zu tun hatte: Wenn du nicht duschst,
dann stinkst du. Es war zudem ein früher Realitäts-Check: Wir lernten, dass Körper nicht vollkommen waren, dass es unterschiedliche
Größen, Wachstumsstufen und jede Menge anderer Variationen
gab. Dieses Wissen ist sehr brauchbar, vor allem wenn man entscheiden muss, was normal und was eine Laune der Natur ist.

Doch vor einigen Jahren beschlossen die Genies, die deine Schule
leiten, dass du nach dem Sportunterricht nicht duschen musst, egal
wie verschwitzt du bist oder wie ranzig du riechst. Diese Idee erwei-
terte sich dann auf jedes sportliche Ereignis – was trotz aller Deos
und Körpersprays so manche Heimfahrt im Mannschaftsbus zu
einer wenig erfreulichen Angelegenheit macht.

Diese Abschottung von der Nacktheit der wirklichen Welt bedeu-
tet, dass deine Generation ihre Vorstellungen vom menschlichen
Körper aus so verlässlichen und vertrauenswürdigen Quellen wie
Hollywoodfilmen, Zeitschriften und dem Internet beziehen muss.
Und die Erwachsenen wundern sich dann, wenn junge Frauen un-
bedingt wie Keira Knightley aussehen wollen.

Leider schauen sich Millionen deiner Altergenossinnen super-
dünne Schauspielstars wie Mary-Kate Olsen oder Lara Flynn Boyle
an und glauben, die seien normal. Wir anderen denken: Gebt den
armen Mädels doch einen Milchshake, einen Cheeseburger, einfach
irgendwas.

Doch jedes Jahr werden die Schönheiten noch magerer. Ein Trend,
der die Menschen in der wirklichen Welt noch stärker unter Druck
setzt, diesem Beispiel zu folgen. Ergebnis ist eine »Größe-Null«-

Welt, in der schätzungsweise zehn Millionen Frauen und eine Million Männer (in Deutschland sind es insgesamt rund 700 000 Menschen, davon neunzig Prozent Frauen und zehn Prozent Männer). mit irgendeiner Form von Bulimie oder Magersucht zu kämpfen haben, weil sie dem verhutzelten Aussehen der Reichen und Schönen nacheifern.

Nur dass das eben nicht schön ist. Die dünnen Ärmchen der berühmten Schauspielerin, die sichtbaren Rippen und knochigen Rücken sind nicht sexy ... sie sind krank und sorgen dafür, dass die Sternchen eher wie KZ-Überlebende aussehen und nicht wie Göttinnen der Weiblichkeit wie etwa Marilyn Monroe oder Brigitte Bardot, die tatsächlich so aussahen, wie Frauen von Natur aus aussehen sollen (mit Rundungen und allem Drum und Dran).

Die Körperbilder Hollywoods hingegen haben eine beträchtliche Anzahl von Frauen unglücklich werden lassen, nur weil sie wie Frauen aussehen. Die falschen Körperbilder der Popkultur haben vielleicht unvermeidlich auch zu anderen Formen der Fälschung geführt. So wurden beispielsweise dem französischen Präsidenten Sarkozy auf einem Foto, auf dem er in Badehose beim Rudern zu sehen ist, die Hüftpölsterchen wegretuschiert.[115] Wie sich zeigt, *kann* die Kamera nicht nur lügen, sondern sie lügt besonders häufig, wenn es um die Reichen, Berühmten und Möchtegern-Mageren geht.

Selbst Modelabels können lügen. Wenn du Erwachsenenklamotten einkaufen willst, wirst du feststellen, dass das, was einstmals Größe 8 war, jetzt Größe 0 ist, obwohl weder das Kleid noch die Frau, die es trägt, auch nur einen Zentimeter kleiner geworden sind. Die Größe wurde nur »angepasst«, damit sich jeder dünner fühlt.

Und als würde das noch nicht reichen, haben einige Marken sogar die Größe »double zero« eingeführt. Eine Zeitung unkte schon, wenn das so weitergehe, werde man in nicht allzu ferner Zukunft bei negativen Größen landen.[116] Was aber würde das bedeuten? Dass Frauen, die solche Kleidungsstücke kaufen, überhaupt keine physische Realität mehr haben? Wie toll.

Bleib also unbedingt gesund, treib Sport und ernähre dich richtig. Aber ignoriere die Zeitschriften am Kiosk und denk dran, dass es hin und wieder nichts Besseres gibt als eine ordentliche Portion Pommes mit Mayo.

Regel

Das Fernsehen ist nicht das wirkliche Leben.

Dein Leben ist keine Telenovela. Deine Probleme werden nicht alle in dreißig Minuten gelöst, abzüglich der Zeit für die Werbepause. Erwachsene sind nicht so dämlich und albern und Kinder sind nicht so clever und allwissend, wie sie im Fernsehen erscheinen. Im wirklichen Leben müssen die Menschen raus aus dem Café und ins Büro, und falls du es noch nicht gemerkt hast: Reality-TV ist nicht die Realität.

Natürlich weißt du das, oder? Aber warum kleidest du dich dann wie die Menschen im Fernsehen, kaufst das Zeug, das sie anpreisen, und sprichst so viel über ihre Sendungen? Natürlich weißt du, dass das alles nicht real ist, aber du lässt dich dazu verleiten, es als bessere Version der Realität zu betrachten, als eine Art Leben 6.o.

Im Film siegt das Gute über das Böse; der kosmischen Gerechtigkeit wird Genüge getan: Die Bösewichte sind entweder hinter Gittern, geschlagen oder sterben einen spektakulären, heftigen, zutiefst befriedigenden Tod. Liebesbeziehungen gelingen; er bekommt sie

am Ende, nachdem er all die Hindernisse aus dem Weg geräumt
hast, von denen du nach spätestens einer halbe Stunde weißt, dass
sie dem Happy End nicht im Wege stehen werden. Fiese Typen erhalten ihre wohlverdiente Strafe, manchmal in Form einer Trecker-
ladung Kuhscheiße; Väter und Söhne feiern auf bewegende Weise
Versöhnung; Lügner werden als solche entlarvt. Geht es um ein
Sportereignis, endet das Ganze üblicherweise mit einem Sieg oder
zumindest mit einem moralischen Sieg, der einem die Tränen in die
Augen treibt. Die Dinge klären sich, Konflikte werden gelöst, die
nächste Episode ist ein neuer Anfang und üblicherweise gibt es keine
»hangovers«. Es gibt aber auch noch andere Unterschiede.

Im Fernsehen sieht man selten jemanden ein Buch lesen, beten
oder sich mit den profanen Alltagsdingen abmühen. Niemand hat
schlimme Akne oder unansehnliche Warzen, die Helden haben eher
selten ein Doppelkinn, das Liebeswerben ist immer frei von allen
Hintergedanken, jeder hat schöne Zähne und niemandem wachsen
hässliche Haare aus der Nase, es sei denn, er ist der Bösewicht, der
am Ende einen spektakulären Tod sterben wird oder unter einem
Haufen Kuhmist endet.

Anders gesagt: Das Fernsehen ist genau so, wie dein Leben wäre,
wenn du einen Drehbuchschreiber hättest, der dich mit einem ste-
ten Strom an Einzeilern versorgt, einen Personal Trainer, der die
unansehnlichen Pölsterchen an den Hüften wegtrainiert, ein reich-
haltiges Budget für Fettabsaugung und Beinenthaarung, Visagisten,
die für perfekte Haut sorgen, Redakteure, die alles Langweilige raus-
streichen, einen Teleprompter, damit du die richtigen Worte findest, einen digitalen Videorekorder, mit dem du zurückgehen und
die Fehler, die du gemacht hast, noch mal anschauen oder rückgän-
gig machen kannst, und einen Regisseur, der dafür sorgt, dass deine
Probleme am Ende einer jeden Folge im Großen und Ganzen gelöst
sind.

Im Vergleich dazu hast du vielleicht das Gefühl, dass dein tatsächliches Leben, die tägliche Routine des mehr oder wenig immer Gleichen in Sachen Dramatik, Aufregung oder Qualität der Mitspieler deutlich abfällt. Falls du den Eindruck hast, dass du ein Anrecht auf gesteigerte Erfahrung hast, findest du das möglicherweise enttäuschend oder sogar ungerecht (siehe Regel 1).

Vielleicht solltest du aber einfach beherzigen, was der Autor Lance Burri beschreibt:

»Am Freitagabend zu Hause bleiben, das Klein-Klein des Alltags, abspülen, waschen, bügeln. Tagein, tagaus. Das ist vielleicht dein Leben. Meines ist es nicht. Mein Leben soll aufregend sein.

Das ist, wie ich glaube, der wahre Effekt der Populärkultur. In den Filmen ist das Leben nicht langweilig ... Alles ist so hübsch geordnet und aufgeräumt. So perfekt, und es dauert nur zwei oder drei Stunden.

An einem gewissen Punkt, ich weiß nicht mehr genau, wann, merkte ich, dass das Leben so nicht ist. Die Dinge fügen sich nicht problemlos. Sobald ein Problem gelöst ist, tritt ein anderes an dessen Stelle. Und manchmal wartet das nächste gar nicht erst, bis das erste aus der Welt ist.

Wenn's im Job schlecht läuft, steckt man das nicht so einfach weg und hat dann auch noch Zeit, ständig mit Freunden im Café rumzuhängen. Man springt nicht von einer Freundin zur nächsten ohne großes Bedauern. Man hat keine unsterbliche Liebesbeziehung, die tagein, tagaus frisch und aufregend bleibt.

Leben heißt, die Rechnungen zu bezahlen, den Boden zu wischen, den Kopfschmerz zu bekämpfen und sich zu wünschen, die Kinder würden wenigstens für fünf Minuten mal aufhören zu streiten.

An einem bestimmten Punkt begriff ich, wie man einen Schritt zurücktreten kann, wie man einen etwas weiteren Blick auf die Dinge bekommt. Was ich sah, war Folgendes: Es sind diese kleinen

Ärgernisse, die Probleme, die Auseinandersetzungen, die Ängste, die das Leben letztlich so lebenswert machen. Es ist nicht aufregend, es ist Routine. Aber ich liebe es, was mein jüngeres Ich niemals verstehen wird. Das heißt nicht, dass ich aufgegeben hätte. Ich bin nicht einfach ›gesetzt‹. Ich habe gemerkt, dass es große Befriedigung bringt, abends nach Hause zu kommen und sich zum Abendessen an den Tisch zu setzen. Wer hätte das gedacht? Dass ich das begriffen habe – dafür bin ich wirklich sehr, sehr dankbar.«[117]

Mit anderen Worten: Das Leben ist nicht so schlimm.

Regel 33

Sei nett zu Nerds. Eines Tages arbeitest du vielleicht für sie. Oder wir alle tun es möglicherweise.

Ich nehme an, diese Regel ist einer der Gründe, warum so viele Menschen glaubten, die ursprünglichen vierzehn Regeln stammten aus der Feder von Bill Gates, dem berühmtesten, milliardenschweren Nerd auf dieser Welt. Sei ehrlich: Er ist genau die Art von Typ, dem du die Unterhose hochziehen würdest und neben den du dich beim Essen niemals setzen würdest, wenn die coolen Kids in der Nähe sind. Lass es dir eine Lehre fürs Leben sein und denk an die Aktienoptionen, die er für deinen Kuchen eingetauscht hätte.

Die meisten von uns erinnern sich in anderer Hinsicht an die Streber in der Klasse. Das waren diejenigen, die üblicherweise beim Fußball oder im Sportunterricht als Letzte in eine der beiden Mannschaften gewählt wurden. Die Reihenfolge, in der die einzelnen Mitspieler ausgewählt wurden, war ein verlässlicher Gradmesser für Popularität und Status. Als Erster genommen zu werden war ein sicheres Zei-

chen, dass man der sportlichste oder beliebteste Kerl in der Klasse
war; aus der verbleibenden Hälfte gewählt zu werden war Symbol
sozialen Misserfolgs; als Letzter zugeteilt zu werden der Beleg für unheilbare Langweiligkeit. Doch so schlimm das auch war – die Wahl
der Mitspieler ist auch eine wertvolle Lektion fürs Leben: Sie ist ein
mächtiger Anreiz, in *irgendetwas* gut zu sein. Wenn nicht im Fußball
oder im Volleyball, dann eben bei den Tagesereignissen oder in einer
Fremdsprache, im Theaterspielen oder bei der Beherrschung einer
rätselhaften Technik. Bei irgendetwas besonders gut zu sein war
nicht nur eine Form der süßen Rache, sondern auch eine Art beschei-
dener Rettung für Kinder, die sich anders nicht eingefügt hätten. Es
hat schon seinen Grund, dass Napoleon Dynamite zu einer Kultur-
ikone wurde.

Wirklich erfolgreiche und beliebte Kinder scheinen das zu wissen.
Oftmals sind es die, die eher am Rande stehen, die unsicheren Möch-
tegerne, die auf den Strebern herumhacken und versuchen, ihren
eigenen Status zu sichern, indem sie ihre Überlegenheit gegenüber
den sozialen Parias hervorkehren. Das sind die Kinder, die Angst
haben, sich in der Schule mit den Größten, Klügsten und Coolsten
zu messen, gleichzeitig aber ihre eigene Coolness beweisen wollen,
indem sie die Schwächsten und Verletzlichsten schikanieren. Wenn
du zu den Nerds gemein bist, verschafft dir das vielleicht einen Lach-
erfolg, aber dass du dir ausgerechnet sie als Opfer ausgesucht hast,
sagt mehr über dich aus als über das Kind, das du gerade in den
Schrank gesperrt hast.

Unterschätze trotzdem niemals, wie schwer es ist, als Streber zu
gelten, und wie verdammt grausam einige Kinder zu anderen sein
können. Der Autor Paul Graham ist der Ansicht, niemand sei stärker
darum bemüht, beliebt zu sein, als amerikanische Kinder:»Elite-
soldaten oder Neurochirurgen wirken im Vergleich dazu wie Faul-
pelze. Sie nehmen gelegentlich Urlaub; einige gehen sogar einem

Hobby nach. Ein amerikanischer Jugendlicher hingegen arbeitet nicht selten zu jeder Stunde, 365 Tage im Jahr daran, beliebt zu sein. ... Jedes Bemühen, etwas ›richtig‹ zu machen, ist zugleich, ob bewusst oder unbewusst, ein Versuch, beliebter zu sein. Nerds erkennen das nicht.«[118] Vielleicht weil sie andere Dinge im Kopf haben. Vielleicht weil sie glauben, sie könnten daran eh nichts ändern. Aber unterschätze niemals, wie sehr es abhärtet, die Schläge und Stiche jugendlicher Unbeliebtheit zu ertragen. Für einen Nerd, der die siebte Klasse überstanden hat, hält die wirkliche Welt nicht mehr viele Schrecken bereit.

Und denk auch an Folgendes: Was in der Schule als cool gilt, muss später im Leben nicht immer cool sein. Das Erwachsenenleben kennt eine andere Rangordnung als das eines Zehntklässlers (Gott sei Dank). Einige Merkmale, die in der Schule besonders hoch geschätzt werden, erweisen sich später als irrelevant, wertlos oder noch schlimmer. Gleichzeitig sind einige der Fertigkeiten und Begabungen, die bei jungen Menschen übersehen werden, später dann die wertvollsten. Laut Graham bedauern Erwachsene es mit am meisten, dass sie sich früher so viele Gedanken darüber gemacht haben, was andere denken. »Was sie meiner Ansicht nach wirklich meinen, ... sich darum zu scheren, was irgendwelche beliebigen Menschen von ihnen dachten. Erwachsenen ist es genauso wichtig, was andere denken, aber sie werden selektiver, was andere Menschen angeht. Ich habe ungefähr dreißig Freunde, deren Meinung mir wichtig ist; was der Rest der Welt denkt, ist mir ziemlich egal. Das Problem in der Schule ist, dass deine Klassenkameraden ja eher zufällig nach Alter und Wohnort ausgesucht sind und nicht von dir aus Respekt vor ihrem Urteil ausgewählt wurden.«[119]

Dazu gehört auch die Erkenntnis, dass das meiste von dem, worüber du dir den Kopf zerbrichst, später belanglos wird: was du an-

ziehst, was du kaufst, wie das Mädchen, das hinter dir sitzt, deinen
Hintern findet, oder ob du das modischste Handy hast. In zwanzig
Jahren wirst du dich vielleicht noch an das Mädchen erinnern, das
hinter dir saß und mit dem du damals immer ausgehen wolltest,
aber du wirst dir nicht mehr so viele Gedanken darüber machen, was
sie von dir hält.

Es gibt jedoch noch bessere Gründe, nett zu Nerds zu sein: Es gehört sich einfach so und hilft dir, die Gewohnheit zu entwickeln,
dass man andere gut behandelt, insbesondere Menschen, die im
Augenblick vielleicht gesellschaftlich nicht mit dir auf einer Stufe
stehen. So ergab jüngst eine Umfrage unter den Vorstandsvorsitzenden der wichtigsten Unternehmen, dass sie einmütig der Ansicht
waren, die Art und Weise, wie Menschen Kellner, Sekretärinnen und
Wachpersonal behandeln, gebe verlässlich Auskunft über ihren
Charakter. Ein Manager meinte, eine der zuverlässigsten ungeschrie-
benen Regeln in der Unternehmenswelt laute: »Ein Mensch, der dir
gegenüber freundlich ist, dem Kellner aber oder anderen rüde begegnet, ist kein netter Mensch.«[120]

Und nimmt man die Zahl derjenigen, die bei der Besetzung einer
Stelle übergangen wurden, weil sie sich gegenüber der Dame am
Empfang wie Trampel benommen haben, dann ist so jemand auch
nicht besonders klug.

Regel

Sieger haben eine Lebensphilosophie.
Verlierer auch.

»Die Gewinner im Leben denken ständig in Kategorien von Ich kann, Ich will und Ich bin. Verlierer hingegen richten ihre Gedanken vor allem auf das, was sie hätten tun sollen oder getan hätten, und darauf, was sie nicht tun können.«[121]

Die Unterschiede der beiden Philosophien sind nicht schwer auszumachen, wie auch die folgenden Zitate zeigen.

So sagt Vince Lombardi, der legendäre Footballtrainer der Green Bay Packers: »Die Kämpfe des Lebens enden nicht immer mit einem Sieg des Stärkeren und Schnelleren. Aber früher oder später gewinnt der, der daran glaubt, dass er es schafft.«[122]

Der Pädagogik-Guru Alfie Kohn, Verfechter einer nicht auf Konkurrenz und Leistungsdruck beruhenden Erziehung, hingegen meint: »Der Wettbewerb lehrt Kinder, Sieger zu beneiden, Verlierer fallen zu lassen und jedem zu misstrauen.«[123]

»Ein Mensch kann so Großes leisten, wie er leisten will«, sagt Lombardi. »Wenn du an dich glaubst und den Mut, die Entschlossenheit, die Hingabe, den Wettbewerbstrieb hast und wenn du bereit bist, die kleinen Dinge im Leben zu opfern und den Preis für die Dinge zu bezahlen, die es wert sind, dann kannst du es schaffen.«[124] »Mein erstes Spiel habe ich auf einer Geburtstagsparty kennengelernt«, sagt Kohn. »Es hieß ›Die Reise nach Jerusalem‹. Sie wissen schon, wo immer ein Stuhl weniger im Raum ist, als es Personen sind, und sobald die Musik verstummt, müssen sich alle hinsetzen, und derjenige, der keinen Stuhl findet, scheidet aus. So geht das Runde für Runde, bis am Ende nur noch ein Kind übrig bleibt, das triumphierend auf dem Stuhl sitzt, während alle anderen außerhalb stehen, vom Spiel ausgeschlossen sind, unglückliche Verlierer.«[125]

Lombardi gewann drei NFL-Titel.

Kohn wurde traumatisiert durch ... »Die Reise nach Jerusalem«.

Verlierer hassen Konkurrenz und Wettbewerb üblicherweise deshalb, weil sie nicht gerne verlieren. Sie meiden Prüfungen, weil sie vor allem Angst haben, sich möglicherweise schlecht zu fühlen, und es ihnen weniger darum geht, eine Fertigkeit zu entwickeln oder ein Ziel zu erreichen. Verlierer suchen Ausflüchte, geben anderen die Schuld, verwechseln Absichten mit Leistung – sie haben immer vor, etwas zu tun, tun es dann aber nie. Sie lassen sich leicht entmutigen, weil sie die Probleme und Hindernisse, vor denen sie stehen, oft als viel größer wahrnehmen, als sie wirklich sind, und entwickeln in der Folge die Gewohnheit, sich zu drücken und auszusteigen.

Natürlich will niemand ein Verlierer sein, deshalb erklären sie das rational – und machen sich dabei die Philosophie des Verlierens zu eigen, eine Lehre, die über ihre eigenen Gurus, Dogmen, Traditionen und sogar politischen Parteien verfügt. Verlierer neigen zu der bequemen und das Selbstwertgefühl hebenden Vorstellung, an ihrem mangelnden Erfolg sei jemand anderer schuld – die Gesellschaft oder die Menschheit oder das System oder wer auch immer.

Wie sonst ließe sich erklären, dass die Welt ihren absolut besonderen Rang nicht erkennt, der in all den goldenen Abzeichen und Trophäen zum Ausdruck kommt? Verlierer entwickeln oftmals ein feines Gespür für ihre Position und kämpfen mit aller Härte darum, andere nicht nach oben klettern zu lassen. Sie finden eine Möglichkeit, wie sie die Werte, die zum Gewinnen beitragen, hochnäsig abtun: Jeder Ausgebrannte kann davon berichten, wie uncool es für andere Kinder ist, wenn man eifrig lernt, viel übt und hart arbeitet. Die Verlierer kannst du immer an folgendem Verhalten erkennen: Statt den Erfolg anderer zu bewundern, glauben sie mit Vorliebe, er verdanke sich Vetternwirtschaft, Glück oder irgendeiner anderen Form von ungerechter Bevorzugung. Sie wollen nicht zugeben, dass jemand anderer eine Beförderung oder Auszeichnung verdient, ebenso wenig wie sie zugeben wollen, dass sie selbst das nicht verdient haben.

Verlierer reden sich zudem ein, dass sie gar nicht wirklich gewinnen wollen. »Ich will eigentlich gar kein großer Künstler sein«, erklärte mir ein Arbeitskollege einmal. »Ich will einfach nur ein durchschnittlicher Künstler sein.« (An die Stelle von Künstler kannst du auch Ingenieur, Buchhalter, Schauspieler, Anwalt oder Fußballer setzen.)

Mit anderen Worten: Sie begnügen sich. Sie begnügen sich mit einem »gut genug« – das sind die Typen, die ständig auf die Uhr schauen, wann endlich Feierabend ist, die sich zu Jobs hingezogen fühlen, bei denen sie nichts Großes leisten müssen, keine Herausforderungen zu bewältigen haben und nicht vor schwierigen Zielen stehen, sondern wo sie ihre acht Stunden absitzen, den Betrieb am Laufen halten und warten, bis sie endlich in Rente gehen können.

Eine besondere Sorte von Verlierer verwechselt kurzfristiges Vergnügen mit langfristiger Zufriedenheit. Er hält viel von sich selbst, verfügt aber über wenig Selbstbeherrschung. Man denke etwa an

den großen Verlierer bei den Olympischen Spielen, den Skifahrer
Bode Miller.

»Ich will einfach nur rausgehen und Spaß haben, und, zum Teufel,
ich habe hier meinen Spaß gehabt«, erklärte Miller nach den Olympischen Winterspielen in Turin 2006. »Ich bin zufrieden mit dem,
was ich erreicht habe. Ich kam hierher, um so schnell zu fahren, wie
ich konnte. Ich wollte einfach nur Party haben und im Rahmen von
Olympia Leute treffen.«[126]

Seine Bilanz auf der Skipiste? Kombination: disqualifiziert; Super-
G: ausgeschieden; Riesenslalom: Platz sechs; Slalom: ausgeschieden;
Abfahrt: Platz fünf.

»Zumindest muss ich jetzt nicht nach Turin zur Siegerehrung hin-
unterfahren«, meinte er nach dem Aus in der Kombination.[127]

Aber Bode glaubte, er habe Spaß gehabt. Und er hat im großen Stil
Party gefeiert, wenn man den Berichten glaubt, bis weit in die Nacht
hinein, während andere Läufer sich für den Wettbewerb ausruhten.
Er ist zweifellos ein talentierter Sportler, der in seinem Leben noch
jede Menge Erfolg haben kann. Aber von den Olympischen Spielen
ist er nun einmal als Verlierer nach Hause gefahren – nicht weil es
ihm an Fertigkeiten oder Begabung gefehlt hätte, sondern weil er
die Einstellung eines Verlierers hatte. Statt die Chance zu erkennen
und die Gelegenheit beim Schopf zu packen, zog er durch die Knei-
pen. Das Schnapsglas wird sich in zwanzig Jahren bestimmt prima
ausnehmen zu Hause auf dem Kaminsims.

Im Gegensatz dazu haben Sieger keine Angst vor Prüfungen und
scheuen vor Konkurrenz und Wettbewerb nicht zurück. Sie bringen
etwas mit, was Verlierer nicht haben, nämlich Akzentuierung, Vorbereitung und Durchhaltevermögen. Selbst wenn jemand tatsächlich gewisse Ambitionen hat, ist er nicht immer bereit, den Preis in
Sachen Anstrengung, Opfer und Schweiß zu zahlen. Sieger sind dazu

bereit; sie wissen, wie sie sich gegen das weiße Rauschen von Ablenkung und Negativität abschotten und wie sie den Zimmergenossen ignorieren, der fragt, ob man nicht lieber die Lernsachen beiseite legen sollte, denn der Freund eines Freundes kenne da ein heißes Zwillingspaar, das heute Abend durch die Bars ziehe. Verlierer füllen Lottoscheine aus, weil sie glauben, Erfolg sei Glückssache. Sieger wissen, dass es niemals schaden kann, Glück zu haben, aber sie wissen auch, dass ihr Erfolg von ihnen selbst abhängt, und sind bereit, die Verantwortung dafür zu übernehmen.

Ich habe die Erfahrung gemacht, dass Siegern von den Menschen, mit denen sie zusammenarbeiten, üblicherweise Vertrauen entgegengebracht wird, und sie werden oft gerade auch deshalb geschätzt, weil man sich in krisenhaften Situationen auf sie verlassen kann. Sieger ziehen die Unterstützung und die Loyalität von Menschen an, die dem Erfolg und den Werten, für die sie stehen, nahe sein wollen. Verlierer hingegen ziehen eher andere Jammerlappen an.

Während Sieger oftmals die Verantwortung dafür übernehmen, den Mist, den andere gebaut haben, wieder in Ordnung zu bringen, kannst du die Verlierer in jeder Klasse, in jedem Team, in jeder Organisation leicht erkennen: Sie sind diejenigen, die sich beklagen, sie sind Experten darin, die Fehler in den Plänen anderer zu entdecken, und man kann sicher sein, dass sie stets auf all das hinweisen, was möglicherweise vielleicht schiefgehen könnte. Sie beziehen ihre Inspiration von den Chefredakteuren der Boulevardpresse, die Meister darin sind, bereits am Boden Liegende noch zu treten.

Sieger hingegen beziehen ihre Inspiration von Theodore Roosevelt. »Nicht der Kritiker zählt, nicht derjenige, der darauf hinweist, wie ein starker Mann strauchelt oder wo ein tatkräftiger Mensch etwas hätte besser machen können. Anerkennung gebührt vielmehr dem Menschen, der sich tatsächlich in der Arena befindet, dessen Gesicht mit Staub, Schweiß und Blut verschmiert ist und der mutig kämpft ..., der größte Begeisterung und höchste Hingabe kennt, der sich voll und ganz für eine ehrenwerte Sache einsetzt, der im besten Fall am Ende den Triumph für das Erreichte erfährt und der im schlechtesten Fall, wenn er scheitert, zumindest scheitert, weil er Großes gewagt hat. Sein Platz wird also niemals bei jenen kalten und furchtsamen Seelen sein, die weder Sieg noch Niederlage kennen.«[128]

Regel

35

Wenn dir deine Hosen nicht mehr passen, dann nicht, weil dich McDonald's gezwungen hat, die ganzen Big Macs zu essen. Wenn du rauchst, ist das nicht die Schuld von Joe Camel.

Will man die Lebensphilosophie des Verlierers vermeiden, muss man in erster Linie der Versuchung widerstehen, andere Menschen für die eigenen Probleme oder Entscheidungen verantwortlich zu machen. Am besten fängt man damit an, nicht andere Menschen für das haftbar zu machen, was man sich in den Mund stopft. Gleiches gilt fürs Rauchen. Ich habe weiter oben bereits darauf hingewiesen, dass dich Rauchen wie einen Idioten aussehen lässt. Eines ist allerdings noch schwachsinniger als zu rauchen, nämlich einem Werbeplakat die Schuld zu geben, dass du damit angefangen hast. Bewahre dir zumindest ein bisschen Stolz.

Als vor über zehn Jahren ein Mann McDonald's verklagte, weil sie keine Stühle hätten, die breit genug für seinen Hintern seien, und er sich deshalb diskriminiert fühle, schrieb Mike Royko, dieser Kläger sei »nicht mit einer Riesenwampe und einem Riesenhintern auf die Welt gekommen. Ab einem bestimmten Punkt schuf er sich selbst und seinen Hintern. Beides liegt in seiner Verantwortung«.[129] Doch Royko schrieb das zu einer Zeit, die noch etwas netter, freundlicher und juristisch weniger einfallsreich war.

Eines Tages wird man sich vielleicht an Caesar Barber erinnern als Pionier in dem Vorhaben, die Amerikaner davon zu überzeugen, dass sie niemals für irgendetwas verantwortlich sind. Der 270 Pfund schwere Barber schrieb Rechtsgeschichte, als er McDonald's und all die anderen Fast-Food-Ketten, deren regelmäßiger Kunde er war (unter anderem Burger King und Kentucky Fried Chicken), verklagte und ihnen vorwarf, sie seien an seiner Fettleibigkeit schuld.[130]

Ein paar Jahre zuvor hatte man noch Satiren und Parodien zu diesem Thema lesen können. Nun aber hatte jemand tatsächlich Ernst gemacht.

Der 57 Jahre alte Barber, der drei- oder viermal die Woche ein Fast-Food-Restaurant aufsuchte, auch nachdem er zwei Herzinfarkte erlitten hatte, gab an, er sei hinters Licht geführt worden mit der (völlig zutreffenden) Behauptung, ein Burger von McDonald's bestehe aus hundert Prozent Rindfleisch. Das bedeutete für ihn, dass »er gut für mich war. Ich dachte, das Essen sei in Ordnung. Die Fast-Food-Industrie hat mein Leben zerstört. Ich wurde reingelegt, ich wurde getäuscht und betrogen.« Für diese unfassbare Blödheit hoffte Caesar auf mindestens eine Million Dollar Entschädigung.

Auf seine Klage folgte die Klage von zwei jugendlichen Couchsoufflés, deren fast tägliche Ausflüge zu McDonald's zu ihrem ausladenden Hüftspeck beigetragen hatten. Der Richter wies die Klage ab und erklärte: »Niemand ist gezwungen, bei McDonald's zu essen.« Und er wies darauf hin, dass »es nicht Aufgabe der Rechtsprechung ist, sie vor ihren eigenen Exzessen zu schützen«.[131] Aber das war nur eine vorläufige Gnadenfrist für Big Fat, denn es warten einfach zu viele darauf, sich am Trog der Ernährungs-Korrektheit den Bauch vollzuschlagen.

Es gibt ohne Übertreibung Tausende von Beratern, Bürokraten, Ernährungsaktivisten und Prozessanwälten, die ihren Lebensunterhalt damit verdienen, dass du dich für ein Opfer der Fast-Food-Verschwörung hältst – das sind diejenigen, die »Spielzeug-Promotion« und »glückliche Mahlzeiten« für eine tödliche Kombination halten. (Der ehemalige Präsidentschaftskandidat Ralph Nader nannte einen Burger von McDonald's sogar eine »Massenvernichtungswaffe«.[132])

Um dich vor dir selbst zu schützen, drängt Kelly Brownell, Professor in Yale und Anti-Fett-Aktivist, auf »Torten-Steuern«, auf gesetzliche Vorgaben für Restaurants, auf Altersgrenzen für bestimmte Produkte, auf Einschränkungen für bestimmte Lebensmittel ähnlich wie im Tabakbereich, unter anderem in Form von Preiskontrollen, und sogar auf ein ausdrückliches Verbot bestimmter beliebter Nahrungsmittel in den Schulen.[133]

Sollten die Prozessanwälte jemals ihre Hände in die ziemlich tiefen Taschen der Fast-Food-Industrie bekommen, werden sie die Menschen von dem abbringen müssen, was Über-Anwalt John Banzhaf abtut als »diese Argumente in Sachen persönlicher Verantwortung ... all diese Plattitüden à la ›Die Menschen sollten weniger essen‹, ›Verantwortung‹, all dieser Blödsinn!«[134] Mit anderen Worten: Man kann dir nicht zutrauen, zu entscheiden, was du isst.

Skip Spitzer vom Pesticide Action Network bezeichnet die Vorstellung von persönlicher Verantwortung als »kulturelles Konstrukt«.[135] Als könnte etwas in stärkerem Maße ein kulturelles Konstrukt sein als Klagen gegen die Hersteller von Chips und Schokoriegeln, weil sie angeblich Kinder fett machen.

Doch wenn es nur um viel genug geht, sind die Menschen leider bereit, fast alles zu glauben, vor allem wenn sie für die Regierung arbeiten.

So hat die Bundesregierung in Washington ein 125 Millionen Dollar schweres Programm aufgelegt, um »Kinder zwischen neun und

13 Jahren zu körperlicher Aktivität zu animieren«.[136] Also 125 Millionen, um den Kindern zu erklären, sie sollten doch den Gameboy beiseite legen, sich vom Sofa aufraffen, rausgehen und spielen. Hat deine Mutter das nicht umsonst gemacht?

»Es ist ein so schöner Tag«, hätte sie gesagt, »mach doch diesen nervigen Fernseher aus und geh Fahrrad fahren oder irgendwas. Und kein Duplo mehr vor dem Abendessen.« Und sie hätte dafür gesorgt, dass du genügend Gemüse isst. Jetzt braucht man dafür ein staatliches Programm.

Dahinter steht die Annahme: Wenn dir die Regierung nicht sagt, du sollst dieses oder jenes tun, bist du schlicht nicht in der Lage, es selbst auf die Reihe zu kriegen. Offensichtlich sollen wir also glauben, dass junge Menschen, die die Ermahnungen ihrer Eltern in den Wind schlagen, ihre Sportlehrer in den Wahnsinn treiben und Anreize ignorieren wie etwa den, fürs andere Geschlecht attraktiv zu sein, plötzlich auf die Regierung hören. Was dürfen wir als Nächstes erwarten? Ein millionenschweres Programm für das Tragen von warmen Socken?

Gut, warum nicht? Wenn du selbst nicht weißt, was du dir in den Mund stopfen sollst oder dass es eine gute Idee ist, ab und zu mal einen Spaziergang zu machen, wie soll man dir dann zutrauen, irgendeine andere Entscheidung ohne den Rat des Großen Kindermädchens zu treffen?

Das Muster der Bevormundung dürfte inzwischen klar geworden sein: Krise + Übeltäter = Regeln + Rechtsstreit. In diesem Fall ist die Krise die Fettleibigkeit; der Übeltäter ist das Fast Food; zu den Regulierungen gehören spezielle Steuern oder Verbote; und das juristische Vorgehen richtet sich gegen Restaurants, Marketingabteilungen und wer weiß wen sonst noch, weil sie angeblich hilflose Kinder an die Fleischtöpfe mit den Hamburgern und Pommes locken.

Eine Alternative zu alldem wäre natürlich, dass die Menschen schlicht und einfach genügend persönliche Verantwortung und Selbstbeherrschung zeigen, um Nein zu sagen. Du könntest bei dir selbst anfangen. Das würde all den händeringenden Kommentatoren, den erregt aufgeplusterten Politikern, den Nahrungsmittelbürokraten und den räuberischen Prozessanwälten ordentlich den Spaß verderben.

Aber zumindest solltest du für dich selbst entscheiden können, ob du diese Lasagne al forno oder diesen Big Mac haben willst.

Regel

36

Du bist nicht unsterblich.

Anders als du das vielleicht erwartest, besteht nur ein ziemlich geringes Risiko, dass du an Langeweile sterben wirst. Du könntest jedoch sehr leicht an Dummheit sterben. Du befindest dich gerade in der gefährlichsten Phase deines Lebens, zumindest bis zu den Wechseljahren oder der Midlife Crisis, wenn du versucht sein könntest, plötzlich alles hinzuschmeißen und mit irgendwelchen Hochrisikosportarten zu beginnen. Alle Vierzigjährigen, die ich kenne, finden es erstaunlich, dass sie all die dummen Sachen, die sie als Jugendliche veranstaltet haben, überlebt haben, von irgendwelchen waghalsigen Rasereien bis zu ausgiebigen Saufereien, als sie der festen Überzeugung waren, sie seien unverwundbar.

Die größten Gefahren, die dir drohen, bezeichnet man euphemistisch als »riskante Verhaltensweisen«, bei denen zumeist Drogen, Saufen, Sex und Autos im Spiel sind. Du hast sicherlich auch schon einmal den Spruch gehört: »Keiner von uns ist so klug wie wir alle zusammen«, aber wenn es ums Autofahren geht, ist niemand so dumm, leichtsinnig und verantwortungslos wie ihr zusammen; der Intelligenzquotient und der gesunde Menschenverstand von Teenagern reduzieren sich umso rasanter, je mehr von ihnen in einem Auto sitzen. Das ist genau der Moment, in dem es wichtig ist, dass du mit den richtigen Freunden oder zumindest mit den richtigen Leuten unterwegs bist.

Solltest du den Eindruck haben, schnell zu leben, jung zu sterben und eine wunderschöne Leiche zu hinterlassen sei eine romantische Vorstellung, hast du offenbar noch keinen deiner Kameraden tot gesehen.

Tote sehen nicht strahlend aus, nicht einmal tragisch; sie sind üblicherweise blau-grau und kalt und oftmals ziemlich übel zugerichtet. Wem auch immer die Wendung einfiel, man trete »umgeben von einem Glorienschein« ab, der hat noch nie eine Station für Schwerstverbrannte besucht oder gesehen, was nach einem schweren Autounfall in den Plastiksarg gelegt wurde. Es ist wirklich eine kaum noch romantische Vorstellung, anhand seines Zahnschemas identifiziert werden zu müssen.

Geh nicht davon aus, dass jeder es übersteht.

In einer Kleinstadt in Wisconsin saß letztes Jahr eine Gruppe von Jugendlichen – zwei von ihnen 16 Jahre alt – auf einer Parkbank, sie tranken Bier, stiegen dann in ein Auto, rasten auf den Highway und töteten schließlich fünf Leute, darunter sich selbst sowie ein älteres Ehepaar, das gerade von einem Arzttermin kam und auf dem Heimweg war.[137] Der Tod von fünf Menschen bei einem Autounfall war schon schrecklich genug, doch so richtig geschockt waren die Menschen von dem, was danach kam.

Die Freunde der toten Jugendlichen gedachten der Tragödie, indem sie den Unfallort aufsuchten ... und dort tranken, ja sogar Bierdosen als behelfsmäßiges Mahnmal zurückließen. »Bis später,

Mike!«, war auf einer Dose zu lesen, unterzeichnet von einem »Tom«.
Auf einer anderen leeren Dose stand: »Dies für dich« [sic].
Ganz in der Nähe hatte jemand auf ein Pappschild geschrieben:
»Lebe intensiv. Feiere intensiv. Feiere bis zum Tod.«
»Und mach dir keine großen Gedanken darüber, wen du mit-
nimmst«, kommentierte fassungslos die örtliche Zeitung.[138]
Der 16 Jahre alte Fahrer, der die Kontrolle über den Wagen ver-
loren hatte, hatte einen Blutalkoholwert, der um das Doppelte über
der zulässigen Promillegrenze lag. Der Unfall hinterließ fünf trau-
ernde Familien – Väter, Mütter, Brüder, Schwestern, Kinder, Enkel,
Onkel, Tanten, Cousins und Cousinen.
Es gab fünf Beerdigungen. Es gab keine Partys.

Das ist einer der Gründe, warum deine Eltern möglicherweise so
penetrant (zumindest in deinen Augen) und so gestresst sind; sie
wissen, dass ihre wichtigste Aufgabe darin besteht, dich heil durch
all das hindurchzubekommen, und du machst es ihnen nicht immer
leicht. Ironischerweise war eine Konsequenz daraus, dass man die
Kinder in den letzten Jahrzehnten in Folie oder Watte oder was auch
immer gepackt hat, eine Revolte gegen das Regime des »sicher, aber
langweilig«; eine Generation, die man vor Völkerball geschützt hat,
scheint sich zunehmend von Extremsportarten und extremen Risi-
ken angezogen zu fühlen. Vielleicht hat das Leben in einer Blase den
Eindruck verstärkt, du würdest von blauen Flecken oder Schlimme-
rem verschont bleiben. Dem ist nicht so.

Wenn du dich hinters Steuer eines Autos setzt, geh davon aus, dass
jeder andere Fahrer ein Idiot ist, der jeden Augenblick eine fahre-
rische Wahnsinnstat begehen kann. Du teilst die Straße mit Auto-
fahrern, die beim Lenken ihr Make-up nachziehen, in ihren Zähnen
herumstochern oder in der Nase bohren, an ihrem Handy und/oder
ihrem Laptop herumfummeln, spärlich gekleideten Joggerinnen
hinterherstarren und nach beweglichen Objekten wie etwa ihren

Freundinnen greifen. Letzteres war übrigens der Grund für den spektakulärsten Unfall, den ich je erlebt habe, als ich 17 war. Du musst dich entsprechend verhalten.

Als Jugendlicher bist du voll und ganz selbst verantwortlich für jeglichen Unfall. Du musst der Versuchung widerstehen, irgendwelche anderen Faktoren, Menschen, Umstände oder Fahrer für Kratzer, Zusammenstöße oder das Abkommen von der Straße verantwortlich zu machen. Falls du dazu nicht bereit bist, haben deine Eltern das Recht (und die Pflicht), dir deine Fahrerlaubnis zu entziehen, den Wagen wegzunehmen und die Versicherung zu kündigen. Sie wollen dich nicht im Leichenschauhaus besuchen.

Regel 37

Mit anderen verbunden zu sein bedeutet nicht, dass du über alles Bescheid weißt.

Selbst mit deinem Internetzugang, Handy, iPod, Satellitenfernsehen, Videorekorder und CD-Player kann das, was um dich herum vorgeht, deiner Wahrnehmung entgehen. Hast du irgendeine Ahnung, wie das Leben deiner Eltern aussieht? Was sie heute gemacht haben? Was deine Geschwister gemacht haben? Schlimmer noch: Wenn du den ganzen Lärm ausmachst, könnte die Leere inmitten der plötzlichen Stille dein wahres Ich sein.

Die modernen Medien ermöglichen es dir, deinen Kopf rund um die Uhr mit künstlichem Leben vollzustopfen. Aber begreif zumindest, dass es genau das ist: künstlich, eine Fälschung, ein Als-Ob. Wenn du die riesige Palette an moderner Technik rauf und runter nutzt, kannst du am Ende ganz leicht in einer Welt synthetischer Gefühle und künstlicher erzeugter Dramatik leben. Als Meister im Multitasking hast du gelernt, wie man einen Großteil der Medien nutzt – Musik, Chatten, ja sogar die Googlesuche – und gleichzeitig beispielsweise die Hausaufgaben erledigt. Doch Anregung ist nicht Individualität, und Lärm ist nicht Persönlichkeit, und mitunter werden reale Menschen inmitten des digitalen Durcheinanders auf ein bloßes Hintergrundrauschen reduziert.

Es mutet fast kurios an, dass sich vor zwei oder drei Jahrzehnten Fachleute Gedanken über die Auswirkungen des Fernsehens auf die geistige Entwicklung kleiner Kinder machten. Eine Umfrage ergab 2005, dass Kinder in einer Welt der digitalen Sättigung leben und in den USA durchschnittlich 6,5 Stunden am Tag mit verschiedenen Medien verbringen.[139] Doch selbst das unterschätzt noch den Medieneinfluss, denn über ein Viertel der Zeit nutzen die Kinder mehr als nur ein Medium. Man kann also davon ausgehen, dass sie täglich 8,5 Stunden Medieninhalten ausgesetzt sind, »komprimiert« auf die 6,5 Stunden, in denen sie »verbunden« sind.

Diese 8,5 Stunden sollte man mit der einen Stunde pro Tag vergleichen, die unsere »überlasteten« und »überarbeiteten« Kinder mit Hausaufgaben verbringen, und mit der mageren halben Stunde, die sie für häusliche Tätigkeiten aufwenden (und da diese Angaben auf Selbsteinschätzungen beruhen, sollte man sie mit einer gewissen Vorsicht genießen).[140]

Auch wenn einige technikfeindliche Neandertaler anderer Ansicht sein mögen, ist das nicht durchweg schlecht: Zumindest bist du nun kein fauler Sofahocker mehr, der völlig passiv den Witz und die Weisheit von Serien wie *Marienhof* in sich aufnimmt – du interagierst jetzt mit deinem elektronischen Universum. Die Kehrseite des Ganzen aber ist, dass du vermutlich immer weniger Zeit mit ganz realen Menschen verbringst.[141] Diese Form der unmittelbaren Interaktion im gleichen Raum ist seit jeher die Grundlage für Familien, Freundschaften und die Gesellschaft, denn schon unsere Steinzeitvorfahren lernten zuerst, interessante Neuigkeiten über wollene Mammuts weiterzugeben.

Die oben erwähnte Studie fand heraus, dass Kinder, die viel Zeit mit Medienkonsum verbrachten, angaben, sie hätten viel mit ihren Eltern zu tun, aber es ist doch fraglich, ob diese Interaktionen besonders intensiv ausfallen. Aßen sie gemeinsam zu Abend und sprachen über die Details des Alltags? Oder bewohnten sie lediglich den gleichen physischen Raum, aber unterschiedliche psychische Welten? Fast zwei Drittel (63 Prozent) der jungen Menschen berichteten, beim Essen laufe der Fernseher. In einer Mehrzahl der Haushalte war der Fernseher »die meiste Zeit« an. Wem wird also wirklich die Aufmerksamkeit geschenkt? Wie kann Papa mit einer Vorabendsoap konkurrieren?

Die Versuchung der medialen Sättigung besteht natürlich darin, dass man Menschen in der tatsächlichen Welt – Familienangehörige, Professoren, Arbeitskollegen – behandelt, als wären sie Fernsehen; dass du ihnen mit halbem Ohr zuhörst, während du gleichzeitig E-Mails beantwortest, Suchmaschinen konsultierst oder ein Videospiel spielst. Die Sucht des Multitasking ist so schlimm geworden, dass einige Hochschulen Laptops jetzt aus den Unterrichtsräumen verbannen, weil Professoren das Gefühl hatten, nur noch wie ein Hintergrundgeräusch behandelt zu werden und nicht mehr wie reale Menschen in Echtzeit.[142]

Diese ganze Vernetztheit kann auch das Selbstvertrauen schmälern. »Du gewöhnst dich dran, dass die Dinge sofort passieren«, erklärt der Psychologe Bernardo J. Carducci von der Indiana University. Die Welt der unmittelbaren Kommunikation, der unmittelbaren Ergebnisse und der unmittelbaren Belohnung hat Folgen. »Du willst nicht nur die Pizza jetzt sofort, du übernimmst diese Erwartung auch für andere Bereiche, etwa für Freundschaften oder intime Beziehungen. Du bist leicht frustriert und ungeduldig. Du bist nicht mehr willens, Probleme zu bewältigen. Und deshalb scheitern auch Beziehungen – und diese Erfahrung führt wahrscheinlich mit am meisten zu Depressionen.«[143]

Und dann ist da natürlich der Inhalt der ganzen Medienpalette: die Milliarden Einzelinformationen, der ungeregelte Strom von Daten, Information, Wissenschaft, Mathematik, Gewalt, Pornografie, Wahrheit, Betrug und Haarspaltereien, der über Kopfhörer, DSL-Verbindungen und Bildschirme fließt.

Wenn es je einen Kampf um die Kontrolle durch die Eltern gab, so ist er vorbei und ging grandios verloren. Das zeigt sich nicht zuletzt darin, dass die meisten Acht- bis 18-Jährigen angaben, ihre Eltern hätten in Sachen Fernsehen keine Regeln aufgestellt. Trotz der anhaltenden Diskussion über Gewaltspiele kam die erwähnte Studie zu dem Ergebnis, dass nur fünf Prozent der älteren Jugendlichen sagten, ihre Eltern machten überhaupt irgendwelche Vorgaben in Sachen Videospiele; lediglich für 25 Prozent der jüngeren Teenager gab es überhaupt Regeln. Wenn Spiele wie Grand Theft Auto auf den Markt kommen, knicken zwischen 75 und 95 Prozent der amerikanischen Eltern ein und lassen alle Regeln sausen. (Und die Kinder spielen diese Spiele auch. So gaben 62 Prozent der Siebt- bis Zwölftklässler an, sie hätten Grand Theft Auto schon gespielt.)

Nicht viel anders sieht es in den Bereichen Computer und Musik aus; so achteten nur 14 Prozent der Eltern auf die»Parental Advisories« auf den CDs, die ihre Kinder kauften (oder hatten nicht die leiseste Ahnung, dass ihre kleinen Jungs Texte über Huren, Schwuchteln und noch Schlimmeres hörten); und nur ein Zehntel nahm die Altersangaben auf Computerspielen ernst.[144]

Mit anderen Worten: Im digitalen Zeitalter bist du auf dich allein gestellt.

Regel 38

Schau den Menschen in die Augen, wenn du ihnen begegnest ...

... vor allem wenn du ihnen zeigen willst, dass du nicht der schmollende, ich-fixierte, verzogene Fratz bist, von dem sie in diesem Buch gelesen haben.

Lord Chesterfield war ein kluger, realistischer englischer Adliger, der von 1694 bis 1773 lebte und eine berühmte Serie von Briefen an seinen Sohn und sein Patenkind schrieb. In diesen fast vierhundert Episteln unterrichtet er sie über Moral, Manieren und darüber, wie man in der Welt besteht. Das folgende Zitat ist also über zweihundert Jahre alt, aber es beschreibt eine Verhaltensweise, die ein wenig »altmodische« Menschen wie mich noch immer empört:

»Ich habe viele Leute gesehen, die, wenn man mit ihnen redete, anstatt auf den Redenden zu sehen und aufzumerken, hinauf nach der Decke oder einer anderen Gegend des Zimmers oder zum Fenster hinaussahen, mit einem Hund spielten, ihre Schnupftabakdose herumdrehten oder sich die Nase ausräumten. Nichts zeigt so sehr wie dieses ein kleines, nichtswertes Wesen an, und nichts ist auf so anstößige Art unerzogen.«[145]

Tatsächlich gibt es eine noch schlimmere Gewohnheit. Am allerschnellsten beleidigt man jemanden, wenn man über seine Schulter hinwegblickt, während man ihm vorgestellt wird. Solchen Leuten wirst du noch früh genug begegnen: Selbst wenn sie dir die Hand schütteln, blicken sie im Raum herum und schauen, ob noch jemand Wichtigerer und Interessanterer als du anwesend ist. Die Botschaft, die sie dir damit übermitteln, könnte nicht deutlicher sein: »Ich habe eigentlich überhaupt keine Lust und bin nicht gewillt, dir weiter meine Aufmerksamkeit zu schenken.«

Diese Art von Einstellung scheint jedoch leider zu einem weiteren generationenspezifischen Merkmal geworden zu sein. Studien zufolge sind junge Menschen heute weit weniger als frühere Generationen daran interessiert, einen guten Eindruck zu hinterlassen oder die Grundregeln des zivilisierten Umgangs zu beachten, wenn sie mit Erwachsenen sprechen.

So erklärte Sherry Turkle, Psychologin und Soziologin am MIT, gegenüber der Zeitung *USA Today*: »Sie sind in gewisser Weise nicht mehr auf die sozialen Anstandsregeln um sie herum programmiert und auf die Menschen in ihrem Leben, in ihrem physischen Umfeld, sondern auf die Menschen, mit denen sie virtuell zu tun haben.«[146]

Aber genau dieses Verhalten, nämlich die Menschen um einen herum zu ignorieren oder abzuwimmeln, hatte Lord Chesterfield im Sinn, als er seinen Sohn davor warnte, dass »ein Unrecht viel schneller vergessen ist als eine Beleidigung«.

Als Nebenregel kann man formulieren: Es ist höchst unwahrscheinlich, dass du der klügste Mensch im Raum bist, deshalb tue nicht so, als wärst du's. Auch daran ist nichts wirklich neu. Schon Lord Chesterfield ermahnte seinen Sohn:

»Gib nicht der Versuchung nach, die für die meisten jungen Menschen sehr stark ist, andrer Schwachheiten und Fehler bloßzustellen, um entweder die Gesellschaft zu belustigen oder deinen eignen Vorzug zu zeigen. Du kannst zwar für diesen Augenblick das Gelächter auf deine Seite ziehen, wirst dir aber auf immer Feinde machen. Selbst die dann mitlachen, werden, nach einigem Nachdenken, sich vor dir fürchten, folglich dich hassen.«[147]

Und man sollte eines bedenken: Es mag zwar das Faszinierendste auf der Welt sein, über sich selbst zu sprechen, es ist aber auch das, was andere Menschen am meisten langweilt.

Also lerne zuzuhören, anderen deinen Aufmerksamkeit zu schenken und sie respektvoll zu behandeln. Das wird sich in mehrfacher Hinsicht bezahlt machen: Die Menschen sind in Wirklichkeit viel interessanter, als du glaubst. Diejenigen, die älter sind als du und über deutlich mehr Lebenserfahrung verfügen, sind vermutlich sogar interessanter, als du es bist.

Regel

39

Menschen in Schwarzweiß-Filmen waren im wirklichen Leben farbig. Und die Welt gab es übrigens schon vor deiner Geburt.

An der Universität Washington lehnte der studentische Senat vor einiger Zeit den Vorschlag ab, Gregory »Pappy« Boyington zu ehren, einen Absolventen des Jahres 1933, der für seinen Einsatz im Zweiten Weltkrieg höchste staatliche Ehrungen erhalten hatte. Ein Student wandte ein, der hochdekorierte Marinesoldat sei »kein Beispiel für die Art von Mensch, die unsere Universität hervorbringen will«. Eine Studentin meinte nur kurz und knapp: »Wir dürfen keine reichen weißen Männer mehr ehren.«

Doch wie das *Wall Street Journal* später herausfand, war Boyington »weder weiß noch besonders reich«. In Wirklichkeit war er indianischer Abstammung und zog ganz allein seine drei Kinder groß.[148]

Es gab hier also mehrere junge Menschen, die ein teures staatliches Erziehungssystem durchlaufen hatten und im Grunde gar kein Bewusstsein für amerikanische Geschichte besaßen oder zumindest kein Gespür für die Opfer, die andere gebracht hatten, damit verwöhnte Studenten die Freiheit haben, in Senatssitzungen irgendwelchen Blödsinn daherzureden.

Lach nicht.

2001 ergab eine Untersuchung, dass sechs von zehn älteren Schülern an Highschools nicht einmal über »Grundkenntnisse« in amerikanischer Geschichte verfügten, sprich: Sie hatten ziemlich wenig Ahnung von allem, was vor 1986 geschehen war.[149] Fast einem Drittel der Schüler fehlten die Grundlagen in Staatsbürgerkunde.

»Mehr junge Amerikaner könnten viel eher die Namen der drei Stooges (eine US-amerikanische Komikertruppe) nennen als die drei Zweige der Regierung«, spottete David Eisenhower, der Enkel des Präsidenten (der Dwight D. Eisenhower hieß, falls du's nicht gewusst haben solltest).[150]

Er scherzte nicht. Eine Umfrage fand vor Kurzem heraus, dass 22 Prozent aller Amerikaner alle fünf Mitglieder der Comic-Familie Simpson mit Namen kennt, aber nur einer von den insgesamt tausend Befragten kann die fünf Freiheiten benennen, die im ersten Verfassungszusatz garantiert sind.[151] (Die fünf Simpsons sind Bart, Lisa, Homer, Marge und Maggie. Die fünf Freiheiten sind die Meinungsfreiheit, die freie Religionsausübung, die Pressefreiheit, die Versammlungsfreiheit und das Petitionsrecht.)

Das Unwissen reicht tief. Als ältere Schüler gebeten wurden, aus einer Liste von Ländern einen Verbündeten der USA im Zweiten Weltkrieg herauszusuchen, entschied sich über die Hälfte für Italien, Deutschland oder Japan, also für die Länder, gegen die die USA Krieg führten. Es gibt eine relativ einfache Erklärung dafür, warum die Schüler das nicht wissen: Niemand hat sich die Mühe gemacht, es ihnen beizubringen.

Das eigentliche Problem aber ist, dass die meisten Schulbücher im Fach Geschichte von »political correctness« bestimmt sind und entsprechend öde, oberflächlich und schrecklich langweilig ausfallen.

Die Publizistin Diane Ravitch beschreibt, wie blutleer und kreuzbrav das moderne Lehrbuch daherkommt:»Den Geschichten fehlt jede geografische Verortung ... Geschichten, in denen alle Konflikte unbedeutend sind. Geschichten, in denen Männer ängstlich und Frauen mutig sind. Geschichten, in denen ältere Menschen niemals krank sind. Geschichten, in denen Kinder gehorchen, es niemals an Respekt fehlen lassen, nie in gefährliche Situationen geraten, nie mit Problemen zu kämpfen haben, die sich nicht lösen lassen. Geschichten, in denen Blinde und Behinderte keine Hilfe von anderen benötigen, denn ihre Behinderungen sind keine. ... Geschichten über die Vergangenheit, denen es an historischer Genauigkeit fehlt. ... Geschichten, in denen jeder fast die ganze Zeit glücklich ist.«[152]

Mit anderen Worten: Geschichten, denen alles Blut, jegliche Spannung, jegliche Persönlichkeit und alles Interessante entzogen wurde. Pädokraten versuchen das alles damit zu rechtfertigen, dass es nicht darauf ankomme, lediglich historische Fakten zu lernen; dass es viel wichtiger sei,»historisch zu denken«. Aber wie soll man über Geschichte nachdenken, wenn man nicht weiß, was passiert ist?

Zum Glück gibt es ein Gegenmittel gegen diese geistige Tofuernährung. Ich hatte das Glück, am 140. Jahrestag der Schlacht in Gettysburg zu sein und auf dem Terrain herumzuspazieren, wo Robert E. Lee, der General der Südstaatenarmee, voller Zuversicht den Angriff befohlen hatte und dann erleben musste, wie sein Vorhaben fürchterlich scheiterte; wo eine Handvoll völlig erschöpfter Männer verzweifelt versuchte, die Stellung der Unionisten zu halten, und wo General Pickett seinen letzten tragischen Einsatz befehligte.

Und ich fragte mich: Wie zum Teufel konnte man das Ganze je langweilig machen? Wie konnten unsere Schulen festlegen, dies sei nicht unterrichtenswert, und wenn es unterrichtenswert war, dann sollte man es schlecht unterrichten, sorgfältig befreit von allem, was die Vorstellungskraft der Kinder anregen könnte?

Während also Pädagogen verzweifelt die Hände rangen, weil es ihnen nicht gelang, ihre Schüler für Geschichte zu interessieren, stand ich zusammen mit meiner Frau und meinem Sohn Alex am Cemetery Ridge, wo der Angriff der Konföderierten endgültig zerschellt war. »Das ist total cool«, sagte mein Sohn. »Ich will alles über diese Schlacht wissen.« Du wirst ihn niemals davon überzeugen, das Geschichte langweilig ist. Leider waren die Schulen höchst erfolgreich darin, ihre Schüler genau davon zu überzeugen.

Regel

40

Auch wenn mit einem Riesenaufwand und mit allen Mitteln versucht wird, dein Hirn in Wackelpudding zu verwandeln, bemüh dich darum, klar und logisch zu denken.

Ideen haben Folgen, also lerne, sie ernst zu nehmen. Das ist in einer Zeit der verschwurbelten Gefühlsduselei durchaus nicht leicht; wenn man heutzutage lernt, geradlinig zu denken, gleicht das geradezu einem subversiven Akt. Lerne, Tatsachen von bloßem Wunschdenken zu unterscheiden, Vernunft von Rationalisierung, und wenn du mit Bürokratengeschwätz konfrontiert bist, lern zu fragen: »Na und?« (Das bringt sie immer aus dem Konzept.)

G.K. Chesterton schrieb einmal, das Problem mit Menschen, die nicht mehr an Gott glauben, sei nicht, dass sie an nichts glauben, sondern dass sie so gut wie alles glauben. Gleiches lässt sich von Menschen behaupten, die vergessen haben, wie man denkt.

Sie werden an die Heilkräfte der Vorhaut des Hl. Didimus glauben oder daran, dass hinter dem Kometen Hale-Bopp ein außerirdisches Raumschiff parkt; sie werden sich an den wildesten Verschwörungstheorien über den 11. September beteiligen, O.J. Simpson für un-

schuldig halten oder sogar der Überzeugung sein, Madonna könne
schauspielern.

Menschen, die die Fähigkeit zum geradlinigen Denken verloren
haben, sind im Grunde wehrlos, sie sind den Launen des Windes
oder den Moden des Tages ausgeliefert, jagen einer Luftnummer
nach der anderen hinterher. Deshalb sind sie leichte Beute betrüge-
rischer Scharlatane, romantischen Wunschdenkens und als Wissenschaft verkleideter Rhetorik – das ist auch einer der Gründe dafür,
dass sich Medien und Öffentlichkeit so bereitwillig auf die jüngste
alarmierende Studie stürzen, nur um ein halbes Jahr später herauszufinden, dass diese Schreckensmeldung falsch oder zumindest
überzogen war (aber wo wären die Medien ohne Krise?).

Eine noch größere Herausforderung stellt unsere grassierende Urteilslosigkeit dar, die Vorstellung, nichts sei per se gut oder schlecht,
weil alle Werte relativ sind; deshalb sind dann natürlich alle Ansichten gleichwertig, und wer sind wir denn, uns ein Urteil darüber an-
zumaßen? In dieser Welt besteht die schlimmste Sünde – die kardi-
nale, unverzeihliche Sünde – darin, »Werturteile« abzugeben.

Aber das ist ein Sichdrücken, das zudem den Nachteil hat, falsch
zu sein. So ist beispielsweise die Behauptung: »Keine Meinung ist
richtiger als irgendeine andere« ihrerseits eine Meinung. Und die
Behauptung, es gebe keine Absoluta, ist – peinlich genug – selbst ein
Absolutum. Eine solche Haltung ist zudem bequem, weil sie den
Menschen die Mühe erspart, genauer über ihre Überzeugungen und
Argumente nachzudenken. Wenn keine Idee besser ist als eine andere, warum sollten wir uns darum scheren? Warum argumentie-
ren? Warum überhaupt denken?

Es gibt jedoch noch ein weiteres Problem mit dieser Haltung des
urteilslosen Relativismus: Niemand glaubt wirklich daran.

Du wirst Leuten begegnen, die solche Sachen sagen wie etwa: »Was
für mich wahr, ist es für dich möglicherweise nicht«, oder: »Nur weil

ich es für richtig halte, heißt das noch lange nicht, dass es auch für andere richtig ist.« Aber wenn du nachhakst, wirst du immer merken, dass sie an irgendetwas glauben ... und wenn auch nur an die Überlegenheit des Nicht-Urteilens.

Versuch es folgendermaßen: Frag sie, ob ihr Relativismus auch für den Völkermord in Ruanda gilt. Ist Massenmord für sie persönlich falsch, aber für andere eine legitime Entscheidung? Wie sieht es damit aus, dass Frauen in einigen Kulturen die Grundrechte verweigert werden? Mit den Vernichtungslagern der Nazis? Mit Stalins Strategie des Hungers, mittels derer er die Ukraine befrieden wollte? Mit der spanischen Inquisition? Mit den Lynchmorden an Schwarzen in den Südstaaten der USA?

Falls der Relativismus in diesen Fällen nicht gilt: warum nicht? Persönliche Vorliebe? Aber wenn es keinen anderen moralischen Standard gibt als die persönliche Vorliebe, ist irgendeine Präferenz dann besser als die von jemand anderem? Wer soll das bestimmen?

Ist die Religionsfreiheit besser als die Ermordung von Menschen, die einem anderen Glauben anhängen? Ist die Gleichberechtigung zwischen Mann und Frau eine bessere Idee als die, Frauen wie Sklaven zu behandeln? Ist Rassengleichheit moralisch besser als die rassistische Politik des Apartheidregimes in Südafrika? Und wenn ja, warum?

Verwechsle Relativismus nicht mit Skepsis einerseits oder geistiger Offenheit andererseits, denn zu diesen beiden Haltungen gehört jeweils die Suche nach eine wahren Antwort. Stellt man Fragen, so schwingt darin mit, dass es eine richtige Antwort gibt und dass bestimmte Dinge besser sind und andere schlechter, auch wenn wir nicht wissen, welche es sind. Der Relativismus hingegen behauptet, es gebe nichts absolut Gutes oder Schlechtes, alle Werte seien relativ.

Wenn das aber stimmt und du dich nicht auf irgendein höheres moralisches Prinzip berufen kannst, wenn jedermanns Meinung

ebenso viel wert ist wie die von jemand anderem, wenn es keine objektive Grundlage dafür gibt zu sagen, Martin Luther King stehe
moralisch über Adolf Hitler, dann lassen sich Meinungsverschieden-
heiten nur mit Gewalt lösen – indem entweder die eine Gruppe der
Minderheit ihre Ansichten aufzwingt oder die Minderheit der Mehrheit.

Anhänger des Multikulturalismus werden darauf hinweisen, dass
verschiedene Kulturen unterschiedliche Wertesysteme besitzen. Sie
werden darüber hinaus behaupten, es sei was-auch-immer-zent-
risch, wenn man impliziere, irgendeines dieser Systeme sei besser als
ein anderes. Doch Kulturen mögen zwar unterschiedlicher Ansicht
sein, was gut ist, aber sie sind einig darin, dass es ein Gutes gibt. Sie
sind unterschiedlicher Meinung im Hinblick auf den Grad, aber
nicht, was die Substanz angeht. »Versuchen Sie sich eine Gesellschaft
vorzustellen«, schreibt der Theologe Peter Kreeft, »in der Aufrichtigkeit, Gerechtigkeit, Mut, Selbstkontrolle, Glauben, Hoffnung und
Nächstenliebe als böse gelten, während Lügen, Betrügen, Stehlen,
Feigheit, Verrat, Sucht und Verzweiflung gut sind. Das geht schlicht
und einfach nicht.«[153]

Keine Gesellschaft hat je geglaubt, alle Werte seien einfach nur An-
sichtssache und eine Frage der Präferenz ... erst die unsere tut das.

Du musst das nicht übernehmen.

Einen Anfang kannst du damit machen, dass du lernst, wie man
über Ideen und Vorstellungen spricht.

Auch wenn Generationen von jungen Menschen sich derartiger
Taktiken bedient haben, sind genervtes Augenrollen, dämliches
Grinsen und ein mürrisches »Was denn?« keine schlagfertigen Antworten und schon gar keine schlüssigen Argumente. Das heißt
nicht, dass du Menschen mit anderen Ansichten, anderen politischen Überzeugungen und anderem Glauben nicht antworten solltest. Wenn du nicht einverstanden bist mit dem, was jemand gesagt

hat, musst du auf alle Fälle widersprechen und deine Argumente vorbringen.

Aber deine Gefühle sind kein Argument.

Dein Gegenüber als Nazi zu beschimpfen ist kein Argument.

Ihn als ... (nimm, was du willst) zu bezeichnen ist kein stichhaltiges Argument.

Vertritt deine Meinung mit Hilfe von Fakten, Logik, Vernunft und geradlinigem Denken. Und du wirst seine Welt ins Wanken bringen.

Regel 41

Du bist nicht der Erste und Einzige, der das durchmacht, was du gerade durchmachst.

Von deinen Eltern willst du das nicht hören, denn niemand will von sich glauben, dass er ein wandelndes Klischee darstellt. Jeder glaubt, seine Probleme seien in der Geschichte der emotionalen Traumata einzigartig, und wer leidet, gibt nicht gerne zu, dass es schon andere gab und diese das getan haben, was du tust, wenn die Lichter aus sind, die Tür zu ist und du denkst, dass dich keiner sieht.

Du bist nicht das erste Kind, das links liegen gelassen wird oder über das man sich lustig macht oder das sich einsam fühlt. Du bist nicht das erste oder einzige Kind, das von einem Angehörigen des anderen Geschlechts einen Korb bekommt und sich fühlt, als würde alles in ihm drinnen zerfressen. Du bist nicht das erste oder einzige Kind, das glaubt, sein Gesicht sehe so aus, als sei ein Sack Nägel draufgefallen, und das sein Zimmer am liebsten nie mehr verlassen möchte. Du bist nicht der erste oder einzige Teenager, der, auf dem Bett liegend, an die Decke starrt und sich fragt, was wohl aus ihm werden wird.

Du bist nicht der erste oder einzige Teenager, der glaubt, er hüte tiefe, dunkle und beschämende Geheimnisse, die seine Eltern und Freunde schockieren, entsetzen und peinlich berühren würden. (Ungefähr 95 Prozent deiner Freunde haben ähnliche Geheimnisse.) Du bist nicht das erste oder einzige Kind, das sich für einen Verlierer hält und mit dem Gedanken spielt, sich selbst oder andere umzubringen. Du bist nicht das erste oder einzige Kind, das wegen dummer Sachen weint oder das Gefühl hat, die Kontrolle zu verlieren, oder das zu seinen Eltern sagt, es hasse sie, obwohl es das in Wirklichkeit gar nicht so meint.

Du bist ein Teenager mit all den ätzenden Eigenschaften, mit all der Verrücktheit und Coolness, die dazugehört; und solange die Gesellschaft nicht beschließt, euch alle in einen geschlossenen Raum zu sperren, bis ihr 22 seid, müssen wir alle lernen, damit umzugehen. Du wirst es überleben.

Regel

Wechsle mal das Öl.

Zugegeben, das ist jetzt nicht gerade eine Frage von kosmischen Ausmaßen, aber es gibt eben ein paar Einzelheiten des Lebens, die du meistern musst und die vielleicht niemand für erwähnenswert hält. Ein solches Detail ist der Ölwechsel bei deinem Auto. Bei mir dauerte es Jahre und bedurfte unzähliger kostspieliger Rechnungen für Kundendienst und Reparaturen, bis ich endlich verinnerlicht hatte, dass ich regelmäßig einen Ölwechsel vornehmen musste, wollte ich nicht erleben, das ständig schlimme Dinge mit einer ziemlich teuren Sache passieren. Es ist wohl im Verlauf der Weltgeschichte nie wirklich passiert, auch wenn mir die Schule meine Sohnes jüngst ein Merkblatt schickte, das Menschen aus der Oberschicht erklärte:»Wenn du dich nicht darum bemühst, die Ereignisse zu beherrschen, dann werden sie dich beherrschen. Nachlässigkeit kann, ähnlich wie schlimme Fehler, verheerende Folgen haben. Ein Zeichen von Reife ist das Bewusstsein, inwiefern Nachlässigkeit ins Unglück führen kann. Möglicherweise müssen Sie mit den Folgen dessen leben, dass Sie nicht rechtzeitig gehandelt haben.« Das gilt ganz offensichtlich für den Ölwechsel, das Auswuchten der Reifen, die Zahnpflege und eine ganze Reihe anderer Lebensentscheidungen, vor denen du stehen wirst; es ist ein gut gemeinter Ratschlag.

Andere Einzelheiten könnten sein:

Trinkgeld. Wenn du mit dem Service zufrieden bist, schlag 15 Prozent auf den Rechnungsbetrag auf (das ist ungefähr ein Sechstel). Die meisten Menschen, die dich bedienen, bekommen weniger als den Mindestlohn, deshalb sind sie auf Trinkgelder angewiesen, um zu überleben. Eines der Geheimnisse des Lebens ist, dass du viel besseren Service bekommen wirst, wenn du beim Trinkgeld großzügig bist.

Lerne, wie man wäscht. Es sei denn, du hast vor, ewig bei deiner Mutter zu wohnen, oder du kannst damit leben, nach alten Socken und müffelnder Unterwäsche zu riechen. Trenne nach Farben.

Lerne, wie man kocht. Es sei denn, du willst dich für den Rest deines Lebens von Tiefkühlkost oder Fast Food ernähren. Du wirst staunen, wie beeindruckt deine Angebetete sein wird, wenn du etwas Komplizierteres als Müsli zubereiten kannst.

Spare. Wenn du tatsächlich damit beginnst, schon in deinen Zwanzigern Geld zur Seite zu legen, kannst du am Ende Millionär werden. Du kannst dir gar nicht vorstellen, wie dankbar du sein wirst, wenn du 45 bist und diesen Rat beherzigt hast.

Pflege deine Zähne. Du willst keine Wurzelbehandlung, glaub mir das. Zahnschmerz ist genauso schlimm wie Gallensteine oder eine Geburt. Wenn du also später in deinem Leben vor elend pochenden Zahnschmerz schon halb bewusstlos bist, wirst du dir wünschen, deine Mutter hätte damals eine Peitsche dabeigehabt, als sie dich ermahnte, achtmal am Tag (oder waren es dreimal?) die Zähne zu putzen und Zahnseide zu verwenden.

Nasenhaare. Schneid sie ab.

Gern geschehen.

Regel

Lass nicht zu, dass dich die Erfolge anderer deprimieren.

Es gibt ein Wort, das sogar die Angelsachsen aus dem Deutschen übernommen haben und das das Vergnügen bezeichnet, das wir an den Enttäuschungen und dem Leiden anderer haben: Schadenfreude. Sie steht als Grundprinzip hinter neunzig Prozent dessen, was als Reality-TV im Fernsehen läuft.

Das Gegenteil ist eine spezielle Form von Eifersucht: deprimiert zu sein aufgrund des Glücks der anderen. Neid ist ein hässliches Gefühl und ein noch schlimmeres Lebensprinzip, und er wird um keinen Deut besser, wenn du versuchst, ihn als Idealismus zu verkaufen (indem du beispielsweise so tust, als wäre deine Eifersucht ein Gefühl für Fairness). Leider ist es das gängige Los der Menschheit, nicht nur den Esel des Nachbarn zu begehren, sondern auch verärgert und gereizt zu sein, wenn der ein besonders schönes Exemplar hat.

Ich habe das eines Nachmittags in einem Hotelzimmer in Washington erfahren. Ein Bekannter hatte einige Zeit zuvor ein recht erfolgreiches Buch veröffentlicht und konnte gute Kritiken sowie gute Verkaufszahlen verbuchen. Der Erfolg des Autors war völlig verdient, denn das Buch war gut geschrieben, kam zur rechten Zeit und lieferte einen wichtigen Beitrag zur öffentlichen Debatte. Und deshalb war ich deprimiert. Mein eigenes jüngstes Buch zu einem ähnlichen Thema war nicht annähernd so erfolgreich gewesen, und den Rummel um den anderen Autor mit ansehen zu müssen war somit eine Art Wurzelbehandlung für mein Ego. Mein relativer Misserfolg hatte seine Ursache in keinster Weise im Erfolg des anderen, sein Erfolg nahm mir nichts, und doch war ich völlig frustriert.

Ich musste zudem eine Entscheidung treffen. Zufällig war der andere Autor am gleichen Abend in einer örtlichen Buchhandlung in Washington, um dort seine Bücher zu signieren. Sollte ich hingehen? Die Frage war ungefähr so sinnvoll wie: Möchte ich eine heiße, spitze Nadel ins Auge bekommen?

Aber ich dachte darüber nach.

Die Jugend hat ihre Leidenschaft, aber das Alter hat seine Verbitterung, und ehrlich gesagt mochte ich die Art, wie ich fühlte, nicht. Sie war zunächst und vor allem sinnlos. Was brachte es mir, angesichts des Erfolgs von jemand anderem deprimiert zu sein? Es ist das eine, wenn man wegen des eigenen Versagens niedergeschlagen ist (auch wenn man in dieser Niedergeschlagenheit nicht verharren sollte), aber welchen Grund sollte es geben, wegen des Glücks eines anderen in Selbstmitleid zu versinken? Es brachte mir nichts, mich darin zu suhlen, es änderte nichts an den Verkaufszahlen seines oder meines Buches; es verhagelte mir nur den Tag und ließ mich bitter werden, und Verbitterung hat den doppelten Nachteil, dass sie sowohl hässlich als auch sinnlos ist. Wollte ich wirklich so ein Mensch sein? Schlimmer noch war, dass das leicht zur Gewohnheit werden konnte, denn fast niemand geht durchs Leben, ohne andern zu begegnen, die erfolgreicher sind.

Früher oder später hat man es mit einem Verwandten, einem
Freund oder Bekannten zu tun, der es in die Mannschaft schafft,
während dir das nicht gelingt, der zum Klassensprecher ernannt
wird, der ein Turnier gewinnt, der beim Medizinertest eine höhere
Punktzahl erreicht, der das hübschere Mädel oder den netteren
Typen kennenlernt, an eine bessere Uni kommt, einen besseren Job
findet oder sich ein teureres Auto oder ein besseres Haus leisten
kann als du. Deine Reaktion auf dieses Glück wird nicht die geringste Auswirkung auf seinen oder ihren Erfolg haben, aber jede
Menge dazu beitragen, was du für ein Mensch sein wirst.

Als ich in besagtem Hotelzimmer saß, wurde mir bewusst, dass
ich jetzt und hier eine Entscheidung treffen musste, und zwar nicht
nur darüber, ob ich nun zu dieser Signierstunde gehen sollte oder
nicht. Ich musste entscheiden, ob ich die Sorte von Mensch sein
wollte, der sich ständig klein macht und den anderen ihre Erfolge
neidete. Ich hatte keinerlei Kontrolle über die Buchverkäufe dieses
Autors oder über meine eigenen, aber ich hatte es in der Hand, wie
ich reagierte. Ich entschied mich dafür, über meinen Schatten zu
springen.

An diesem Abend ging ich zu der Signierstunde, gratulierte dem
Autor zu seinem Erfolg, schüttelte ihm die Hand und fühlte mich
richtig gut. Später gab es immer wieder Phasen und Augenblicke, in
denen ich versucht war, gute Nachrichten über jemand anderen
missmutig aufzunehmen, aber ich habe häufig an diesen Abend zu-
rückgedacht.

Wenn du beschließt, dass dich die Erfolge anderer nicht ärgern,
bedeutet das, dass du ein Ärgernis weniger mit dir herumträgst; und
ähnlich wie die Entscheidung, sich nicht unter die leicht Beleidigten
einzureihen, ist auch diese wahrhaft befreiend. Die Menschen mit
dem leicht verbitterten Lächeln, die innerlich vor Ärger kochen, bil-
den einen Club, dem du nicht beitreten möchtest.

Das ist auch wichtig bei der Auswahl deiner Freunde. Falls du Freunde hast, die dir deine Erfolge neiden, solltest du folgender Tatsache ins Auge blicken: Sie sind nicht wirklich deine Freunde, in welchem Sinne auch immer. (Siehe dazu die nächste Regel.)

Regel

44

Deine Kollegen sind nicht zwangsläufig deine Freunde, und deine Freunde sind nicht deine Familie.

Wenn du dir schon deine Familie nicht aussuchen kannst, dann wähle zumindest deine Freunde sorgfältig. Ganz egal, wie nervig sie dir im Moment gerade erscheint: Nichts ersetzt deine Familie, denn die einflussreichsten und wichtigsten Menschen in deinem Leben sind deine Eltern – nicht deine Freunde, nicht deine Arbeitskollegen. Deine Eltern werden für dich da sein, wenn du sie brauchst; für Freunde oder Kollegen gilt das nicht unbedingt.

Weil du so viel Zeit mit ihnen verbringst, wirken die Menschen, mit denen du zur Schule gehst oder zusammenarbeitest, leicht wie Freunde oder sogar wie Angehörige einer erweiterten Familie. Doch Beziehungen, die auf SMS-Nachrichten oder Chatkürzel à la CUL8R (»see you later«), HDGDL (»hab dich ganz doll lieb«) oder kD (»kein Ding«) beruhen, sind nicht notwendigerweise sehr eng oder von längerer Dauer. Mit der beruflichen Korrespondenz sieht es nicht viel besser, deshalb sollte man nicht den Fehler machen und die Beziehung für etwas halten, was sie nicht ist.

Hier eine unschöne Lektion in Sachen Wesen des Menschen: Die meisten handeln nur im eigenen Interesse; wenn es also hart auf hart geht, lassen dich diejenigen, die du für deine Freunde hältst, möglicherweise hängen, wenn sie nicht sogar die sind, die dir scharfe Küchenutensilien im Rücken platzieren.

Anders (und weniger zynisch) lässt sich das vielleicht so formulieren: Deine wahren Freunde werden zu dir halten, wenn du sie am dringendsten brauchst, aber wahr ist auch, dass wirklicher Mut und Opferbereitschaft ziemlich selten sind. Solange du das nicht erkennst, steht dir möglicherweise noch ein ziemlicher Schock bevor.

Das ist einer der Gründe, warum du dir deine Freunde ähnlich sorgfältig aussuchen solltest wie deine Uni; in einigen Fällen mögen beide Entscheidungen zusammenfallen. Im 18. Jahrhundert riet Lord Chesterfield seinem Sohn: »Nun gibt es aber ein sehr richtiges spanisches Sprichwort: ›Sage mir, mit wem du umgehst, so will ich dir sagen, wer du bist.‹ Man kann mit gutem Grund voraussetzen, der, welcher einen Betrüger oder Toren zu seinem Freund macht, habe etwas sehr Schlimmes zu tun oder zu verbergen.«[154]

Dein Freundeskreis hat die Möglichkeit, nicht nur deinen Charakter zu beeinflussen, sondern auch deine Ambitionen. Hängst du mit »losern« herum, befördert das deine Chancen, selbst einer zu werden; hängst du mit Schlampen herum, erhöht sich auch dein Schlampen-Quotient; verbringst du deine Zeit mit Kindern, die ihre Zukunft ernst nehmen, wirst du das mit hoher Wahrscheinlichkeit auch tun. Als Lehreinrichtung ist Harvard auch nicht immer das, als was es gilt: Mitunter sind die Seminare überfüllt und die Professoren für Studenten im Grundstudium gar nicht verfügbar. Doch der wirkliche Vorzug und die große Attraktion all der Eliteschulen und Spitzenuniversitäten sind die anderen Schüler und Studenten, die Elitegruppen dieses Landes.

Such dir deine eigene Elitegruppe aus.

Regel 45

Erwachsene vergessen gern,
wie schrecklich es ist, in deinem Alter
zu sein. Denk einfach dran:
Auch das wird vorübergehen.

Sofern du kein völliger Nichtsnutz bist, wissen deine Eltern, dass du einen Schulabschluss machen, einen Job finden und es dir im Großen und Ganzen gut gehen wird. Aber du weißt, dass es Verlierer gibt, die keine Wohnung haben oder bei ihrer Mutter leben und Scheißjobs haben, wenn sie nicht sogar drogensüchtig oder arbeitslos sind. Und du machst dir Sorgen, dass du eines Tages vielleicht auch so enden wirst. Ob das der Fall sein wird oder nicht, hängt ganz von dir ab.

Du wirst eine ganze Reihe von Übergängen erleben, die deinen Eltern möglicherweise vertraut sind, auf dich aber deutlich unklarer wirken: von der Schule ins Studium; vom Studium ins Arbeitsleben – vielleicht mit mehreren Jobs, vielleicht auch mit ganz verschiedenen beruflichen Laufbahnen; mit mehreren Wohnortwechseln; mit Beziehungen, darunter vielleicht die Ehe mitsamt Nachwuchs; mit diesem Universum aus globalem Wettbewerb, Einkommen, Ausgaben,

Steuern, Sparen und Schuldenmachen. Die Ungewissheit und die explosionsartige Zunahme der Entscheidungsmöglichkeiten, dazu die sich verändernden Regeln des Lebens lassen all das besonders beängstigend erscheinen. Nicht nur ist die Zukunft weniger vorhersehbar und sind Arbeitsplätze und Beziehungen weniger stabil als früher, man hat dir auch verdammt wenig an Orientierungsmarken mitgegeben. Die Erwachsenen in deinem Leben haben vielleicht gedacht, sie würden dir einen Gefallen tun, wenn sie dir keine Grenzen setzen oder dir einmal mit einem kategorischen, harschen »Nein« antworten, aber das macht das Leben schlicht nur noch Furcht einflößender. Irgendwo in deinem Hinterstübchen hast du vermutlich erkannt, dass deine Erwartungen möglicherweise die Realität übersteigen und du einiges an Desillusionierungen zu erwarten hast.

Die gute Nachricht aber ist: Du kannst dem Leben immer eine Wendung geben. Das Leben ist voller erfolgreicher Menschen, die früher einmal ausgebrannt und perspektivlos waren. Wenn man älter wird, heißt das natürlich noch lange nicht, dass man auch reifer wird, aber man bekommt doch ein besseres Wahrnehmungsgefühl – man merkt, dass all der Mist normalerweise nicht von Dauer ist. Das Gymnasium dauert acht Jahre; deine Haut wird wieder reiner werden. Ganz egal wie schlecht deine Golfrunde heute war, es gibt immer ein Morgen.

Das funktioniert auch umgekehrt: Bevor du nicht älter bist, wirst du vermutlich die wertvollsten Erfahrungen gar nicht erkennen. Dazu gehört vielleicht der strenge Lehrer, den du im Moment gar nicht leiden kannst, der aber an dich glaubt und dich nicht aufgibt; oder die Schule, die zu verlassen du gar nicht erwarten kannst, die aber dein Leben verändert. Oder die falsche Entscheidung, die dir deutlich macht, welche Art von Mensch du nicht sein willst.

Regel

46

Kümmer dich um das Meerschweinchen im Keller.

Will heißen: Schenke den Menschen und Dingen um dich herum Aufmerksamkeit. Das Ganze hat für mich einen persönlichen Hintergrund. Als ich jünger war, hatte ich ein Meerschweinchen namens Chester Pygge. Eigentlich wollte ich einen Hund, aber ich lebte in einer Doppelhaushälfte, wo das nicht erlaubt war, und außerdem hatten wir gar keinen Platz dafür. (Heute habe ich ein Haus und zwei Hunde.) Auf der Suche nach einem Hundeersatz versuchte ich es mit großen Schildkröten (sie starben), mit einem Papagei (der mir alle Wände mit seinem Kot versaute) und eben mit Chester.

Ich kaufte Chester einen Käfig, gefüllt mit gut riechenden Sägespänen, und schnippelte sogar eine Pappschachtel zurecht, die ihm als Schweinchenbehausung dienen sollte. Er schlief gern in der Schachtel, und ich schnitt eine Tür aus, damit er rausschauen konnte, was er offenbar gerne tat, wenn er nicht gerade die Pappe zernagte. (Das Nagen führte dazu, dass ihm das Haus ungefähr drei- oder viermal am Tag auf den Kopf fiel.) Ich gab ihm regelmäßig sein Meerschweinchenfutter, das ein wenig langweilig wirkte, sich aber offenbar gut mit Pappe vertrug, und sorgte dafür, dass er immer einigermaßen frisches Wasser hatte. Eine ganz andere Sache war die Reinigung des Käfigs, und damit kommen wir zu dem Teil der Geschichte, auf den ich weniger stolz bin.

Nach ein paar Tagen waren die Holzspäne in Chesters Käfig so richtig eklig, und ganz ehrlich, ich hasste es, sie rauszukehren und durch neue zu ersetzen. Alles wurde noch viel schlimmer, als ich merkte, dass ich auf Meerschweinchen allergisch reagierte; ich musste nur ein paar Minuten im selben Zimmer sein, schon bekam ich Niesanfälle, und meine Augen begannen zu brennen. Also besuchte ich Chester immer seltener, eigentlich nur, wenn ich musste, um ihn zu füttern und ihm ein neues Haus aus Pappe in den Käfig zu stellen. An diesem Punkt meines Lebens war ich noch nicht daran gewöhnt, Windeln zu wechseln, und ich räumte kaum einmal mein eigenes Zimmer auf; Chesters Käfig zu reinigen war deshalb eine wahre Qual für mich, die ich vermied, so lange es ging, auch wenn ich wusste, dass ich dafür verantwortlich war und er auf mich zählte. So schlimm der Saustall für mich war: Chester war es, der darin hausen musste. Meerschweinchen sind wirklich einiges gewöhnt, vor allem vonseiten der Wissenschaftler und der medizinischen Forschung. Trotzdem gibt es selbst für das duldsamste Meerschweinchen Grenzen.

Chester erreichte ein, wie ich glaube, für Meerschweinchen reifes Alter, doch jahrelang hatte ich den gleichen Traum: Ich merkte plötzlich, dass ich vergessen hatte, dass ich im Keller ein Meerschweinchen hatte. Ich hatte mein Leben weitergelebt – war zur Arbeit gegangen, hatte ferngesehen, hatte Ausflüge gemacht – und wochenlang vergessen, in den Keller zu gehen. Die ganze Zeit über saß er da, ohne Fressen, ohne Wasser, unter immer unerträglicher

werdenden Umständen. Und ich hatte schlicht und einfach vergessen, dass er die ganze Zeit da unten war, Tag für Tag, Woche für
Woche. Im Traum durchfuhr es mich wie ein Schock, und ich rannte
nach unten, aber üblicherweise war es zu spät.

Natürlich war das ein Schuldtraum, und ich hatte ihn verdient.
Aber ich glaube, dieser Traum – der jahrelang immer wiederkam –
enthielt noch eine allgemeinere Botschaft. Es war nicht einfach nur
das Meerschweinchen im Keller, das ich vergessen hatte. Dadurch,
dass ich so voll und ganz von meiner beruflichen Karriere, meinem
Leben in Anspruch genommen war, hatte ich eine Menge Dinge vergessen und vernachlässigt: Eltern, Freunde, Kinder – all die Menschen, die dich lieben, die auf dich vertrauen, auf dich zählen, selbst
wenn du anderweitig beschäftigt bist.

Die Zeit vergeht schnell. Du denkst heute vielleicht nicht dran, aber
die Zeit vergeht auch für andere in deinem Leben. Für deine Großmutter, die einsam in ihrem Altersheim sitzt und auf einen Anruf
oder einen Besuch wartet; für einen Freund, der vielleicht allein im
Krankenhaus liegt; oder für deinen Bruder oder deine Schwester nur
ein paar Türen weiter, der oder die vielleicht grade von Schlaflosigkeit
geplagt ist, weil er oder sie mit einem persönlichen Problem zu
kämpfen hat. Oder vielleicht befindet sich dein Vater gerade in einer
schwierigen Lebensphase, hat seinen Job verloren oder ist krank,
während du mit deinen Freunden im Park rumhängst. Sie werden
alle älter, die Zeit vergeht, selbst wenn du sie völlig vergessen hast. Du
magst das noch nicht erkennen, aber selbst die kleinste Geste wird
dankbar aufgenommen werden, weil du für andere Menschen eine
viel größere und wichtigere Rolle spielst, als dir jetzt bewusst ist. Du
bist nicht der einzige Mensch, der einsam ist.

Schau dich um. Wen hast du vergessen?

Selbst wenn es dein Sozialleben stört, selbst wenn es unpassend
oder schwer ist: Schau nach dem Meerschweinchen im Keller.

Regel

Du bist nicht perfekt und musst es auch nicht sein.

Möglicherweise bist du versucht, dir die Bilder von unfassbar mageren Models anzuschauen oder von Prominenten mit perfekter Haut und edlem Körperbau, die mit ihrem Privatjet zum Einkaufen fliegen, und kommst dann zu dem Schluss, dass dein eigener Körper und vielleicht dein ganzes Leben beschissen sind.

Aber die Welt der Schönen und Reichen ist eine Hochglanzwelt: Du lebst in der wirklichen Welt, in der die Menschen mitunter schlechte Haut und ein paar Pfunde zu viel haben und mit dem alten Opel von Mutti zu Aldi fahren. Und das ist in Ordnung so, denn so ist nun mal die Wirklichkeit und (fast) jeder andere lebt auch darin. Finde dich damit ab.

Offensichtlich tun sich aber viele junge Menschen schwer damit. So schätzt die Zeitschrift *Your Prom*, dass der durchschnittliche Teenager heute über sechshundert Dollar für den Abschlussball an seiner Schule ausgibt. Auf der Suche nach einer Erklärung dafür machte eine Tageszeitung folgenden Vorschlag: »Die heutigen Jugendlichen sind die erste Generation, die völlig im Zeichen der Perfektion aufwächst: extreme Verschönerungsmaßnahmen, Designermarken, eine bislang nicht dagewesene gesellschaftliche Vorliebe für Glanz und Glamour. Ihre Erwartungen an den Abschlussball sind um ein Vielfaches größer als die ihrer Eltern, die zu einer Zeit mit der Schule fertig wurden, als Limousinen eine Sache für Hochzeiten, Beerdigungen und die Reichen waren.«[155]

Aber das Streben nach Perfektion endet gewöhnlich im Frust, denn irgendjemand wird immer besser sein. Selbst in unserer Zeit der Null Toleranz gilt dies auch für andere Lebensbereiche, denn früher oder später vergeigt jeder mal etwas. Helden straucheln, Champions haben einen schlechten Tag, und selbst Heilige können Fehler machen. Aber mach nicht den Fehler, die Menschen einzig und allein nach ihren Schwächen zu beurteilen.

Ein anglikanischer Priester namens John Hughes berichtet von seiner kurzen Begegnung mit Mutter Teresa Mitte der 1980er Jahre.[156] Sie war bereits weltberühmt wegen ihres Einsatzes für die Armen und kam auf der Rangliste religiöser Berühmtheiten gleich nach dem Papst. Hughes und seine Frau besuchten Kalkutta und halfen in einem Armenasyl namens Prem Dan.

Hughes gesteht, dass er ein wenig darauf gehofft hatte, die berühmte Ordensschwester zu treffen. Doch während ihres Besuchs hatten sie Mutter Teresa nur kurz zu Gesicht bekommen und sich schon damit abgefunden, der außergewöhnlichen Frau, die die Welt mit ihren Bitten um Hilfsbereitschaft gerührt hatte, nie wirklich zu begegnen.

Eines Tages, ungefähr zwei Wochen vor ihrer geplanten Abreise aus Kalkutta, war John in Prem Dan damit beschäftigt, bei den Männern dort die Verbände zu wechseln. Dazu musste er jeweils den alten Verband aufschneiden, die Wunden säubern, eine Heilsalbe auftragen und dann wieder einen neuen Verband anlegen.

Während er damit zu tun hatte, setzte sich eine Ordensschwester neben ihn und ließ ihren Rosenkranz durch die Finger gleiten. Zunächst dachte Hughes, es sei seine Freundin, Schwester Cyriac, und setzte seine Arbeit fort. Als er hinüberblickte, merkte er, dass er nur ein paar Armlängen von Mutter Teresa entfernt war, die ruhig dasaß und ihm direkt in die Augen blickte.

Hughes brauchte ein wenig, um seine Sprache wiederzufinden – er sagte, er habe »für einen Moment eine Art Blackout erlebt« –, und fragte dann die berühmteste Frau der Welt, ob sie ihm helfen wolle. Sie wollte. Hughes schnitt die schmutzigen Verbände auf, säuberte die eitrigen Wunden, trug die Salbe auf, während Mutter Teresa die neuen Verbände anlegte und mit einem Clip befestigte.

Und hier wird die Geschichte erst richtig interessant.

Hughes bemerkte, dass Mutter Teresa etwas falsch gemacht und den Clip verkehrt herum angebracht hatte, sodass er nicht hielt. »Der ältere Herr, den wir gerade verbunden hatten, war ein paar Schritte gegangen, als mir bewusst wurde: Ich hatte gerade gesehen, wie Mutter Teresa einen Fehler gemacht hatte.«

Hughes musste rasch eine unangenehme Entscheidung treffen. »Erklärt man Martin Luther King, dass in seiner Predigt ein grammatischer Fehler war? Weist man Michael Jordan darauf hin, dass er auf dem Weg zu seinem furiosen Dunking einen Schrittfehler begangen hat? Sollte ich Mutter Teresa, der Nobelpreisträgerin und künftigen Heiligen, sagen, dass sie in ihrer Arbeit für die Armen einen Fehler gemacht hatte?«

Hughes holte den Mann zurück, deutete auf den falsch befestigten Clip und erklärte der Heiligen, wenn man ihn nicht richtig befestige, falle er herunter. Er erklärte ihr, wie sie das richtig mache.

»Dieses weltberühmte Gesicht – Mutter Teresas Gesicht – schaute zu, wie ich auf den Clip deutete, hörte zu, was ich sagte, hielt für ein paar bedeutungsschwangere Augenblick inne und überlegte. Mein

Hirn raste und sagte, ich müsse unrecht haben. Sie sagte, ganz ruhig, nur ein Wort: ›Mist‹. Dann behob sie das Problem mit der Klammer.«

Nichts an dieser Geschichte schmälert auch nur im Geringsten die Größe von Mutter Teresa, im Gegenteil. Hughes schrieb später, dass »die Vorstellungen vom geistlichen Superstar nur in meinem Kopf existierten, nirgendwo sonst. Die bescheidene, menschliche Wirklichkeit dessen, wie sie war, war größer als das mediale Bild, größer als die Projektionen der Vorstellungskraft.«

Die Lehre daraus lautet: Selbst die berühmtesten, am meisten bewunderten Menschen auf dieser Welt sind letztlich menschlich und fehlbar. George Washington verlor Schlachten; Abraham Lincoln beging eine Reihe politischer Torheiten; und selbst Oliver Kahn versagten manchmal in entscheidenden Augenblicken wie etwa dem WM-Endspiel 2002 die Nerven. Die Kleingeister des Lebens werden das Negative begierig aufgreifen, vielleicht weil sie dann ihre eigene Mittelmäßigkeit leichter ertragen können, aber letztlich fällt es auf sie selbst zurück. Die Misserfolge von Helden sind kein Grund für Zynismus; sie erinnern uns vielmehr daran, wie außergewöhnlich es ist, dass gewöhnliche Menschen – Eltern, Lehrer, Rollenvorbilder – so außergewöhnliche Dinge leisten.

48

Erzähl dir selbst die Geschichte deines Lebens. Finde einen Sinn.

Beginne damit, dass du sie dir bis zum jetzigen Zeitpunkt erzählst. Was hast du bisher gemacht? Gehe nun zurück und füge all das Schlechte ein, das du weggelassen hast – die Grobheit, das Lügen, die kleinen Betrügereien, die Gemeinheit und Gedankenlosigkeit, all das Zeug, das dir, zusammen mit deinen guten Seiten, sagt, wie du wirklich vorankommst.

Und nun stell dir vor, du liegst im fortgeschrittenen Alter auf dem Totenbett (ja, vermutlich wirst auch du einmal über vierzig sein). Blick zurück auf dein Leben: Was hat du gemacht? Willst du, dass man sich an dich als eine Person mit Charakter und Anstand erinnert? Mit Mitgefühl und Vertrauenswürdigkeit? Willst du, dass dein Leben für das Leben anderer wichtig war? Und inwiefern tragen die Entscheidungen, die du jetzt triffst, zu diesen Zielen bei bzw. sind ihnen abträglich?

Entscheidend dabei ist, dass du dein Leben als eine Erzählung begreifst, als eine Geschichte mit Sinn und Zweck und nicht als eine

Abfolge zufälliger, sinnloser Ereignisse. Die Entscheidungen, die du jetzt triffst, werden nicht nur Einfluss auf das haben, was nächste Woche passiert, sondern bestimmen vielleicht den Rest deines Lebens. Was sich diesen Freitagabend gut anfühlt, kann deine Pläne für die nächsten zwei Jahrzehnte zunichte machen. Frag dich selbst: Was soll der Sinn deines Lebens sein?

Entscheidend sei letztlich, so der Psychiater Viktor E. Frankl, der die Konzentrationslager der Nationalsozialisten überlebt hat,»dass wir nicht mehr einfach nach dem Sinn des Lebens fragen, sondern dass wir uns selbst als die Befragten erleben, als diejenigen, an die das Leben täglich und stündlich Fragen stellt«.[157]

Steve Jobs, der Mitbegründer und Chef von Apple, hat es ein wenig anders formuliert:»Der Gedanke, dass ich bald schon tot sein werde, ist das wichtigste Instrument, das mir je begegnet ist, wenn ich die wirklich wichtigen Entscheidungen im Leben treffen musste.«[158]

Bei einem Vortrag an der Stanford University schilderte der Hightech-Guru den Studenten, wie bei ihm ein Jahr zuvor ein bösartiger Tumor diagnostiziert worden war.

»Um halb acht Uhr morgens hatte ich eine Ultraschall-Untersuchung«, erinnerte er sich,»und sie zeigte eindeutig einen Tumor in der Bauchspeicheldrüse. Ich wusste gar nicht, was die Bauchspeicheldrüse war. Die Ärzte erklärten mir, das sei mit ziemlicher Sicherheit eine unheilbare Form von Krebs, und ich müsse davon ausgehen, dass ich nur noch drei bis sechs Monate zu leben hätte.«

Nachrichten wie diese haben eine ganz eigenartige geistige Trennschärfe zur Folge, und Jobs war da, angesichts der Perspektive, binnen weniger Monate tot zu sein, keine Ausnahme.

Noch am gleichen Tag führten die Ärzte eine Biopsie durch,»bei der sie mir ein Endoskop durch den Rachen schoben, durch den Magen hindurch in meine Eingeweide, und mit Hilfe einer Nadel ein paar Krebszellen aus der Bauchspeicheldrüse entnahmen«. Die Diagnose fiel positiv aus: Jobs würde nicht an einer unheilbaren Krankheit sterben; es zeigte sich, dass er an einer sehr seltenen Krebsform litt, die durch einem medizinischen Eingriff heilbar ist.»Ich wurde operiert, und es geht mir jetzt gut«, sagte Jobs.»So nahe war ich dem Tod noch nie gewesen, und ich hoffe, ich werde ihm in den nächsten Jahrzehnten nicht mehr so nahe kommen.«

Doch Jobs erläuterte den Studenten auch, was die Aussicht, sterben zu müssen, in ihm verändert hat:»Ich kann euch das jetzt mit ein wenig mehr Gewissheit sagen als zu der Zeit, da der Tod eine zwar nützliche, aber rein geistige Vorstellung war: Niemand will sterben. Selbst die, die in den Himmel kommen wollen, wollen nicht sterben, um dorthin zu gelangen. Und doch ist der Tod unser aller Bestimmung. Niemand ist ihm je entkommen. Und so soll es auch sein, denn der Tod ist mit ziemlicher Sicherheit die beste Erfindung des Lebens. Er sorgt dafür, dass sich das Leben ändert. Er räumt das Alte beiseite, um Platz für das Neue zu schaffen. Jetzt seid ihr das Neue, aber eines Tages in nicht allzu ferner Zukunft werdet ihr allmählich alt werden und beiseite geräumt werden. Ich bitte diese etwas harsche Ausdrucksweise zu entschuldigen, aber es ist nun einmal so.«

Seine Botschaft lautet:»Deine Zeit ist begrenzt, also vergeude sie nicht damit, jemandes anderen Leben zu leben ...«

Leider ließ Jobs in seinem Vortrag anschließend noch eine ganze Reihe esoterischer Klischeevorstellungen folgen, aber an der Bedeutung des Kernaussage ändert das nichts: Du musst über dein Leben nachdenken, denn es liegt an dir, wie es sich gestalten wird.

Viktor E. Frankl kam als Holocaustüberlebender zu dem Schluss, »dass es eigentlich nie und nimmer darauf ankommt, was wir vom Leben noch zu erwarten haben, vielmehr lediglich darauf: was das Leben von uns erwartet.«

Und weiter schreibt er, wir müssten die Fragen, die uns das Leben stellt, beantworten, »indem wir nicht durch ein Grübeln oder Reden, sondern nur durch ein Handeln, ein richtiges Verhalten, die rechte Antwort geben. Leben heißt letztlich eben nichts anderes als: Verantwortung tragen für die rechte Beantwortung der Lebensfragen, für die Erfüllung der Aufgaben, die jedem Einzelnen das Leben stellt, für die Erfüllung der Forderung der Stunde.«[159]

Was erwartet das Leben von dir?

Regel

49

Vergiss nicht, dich zu bedanken.

Du magst noch so oft sagen: »Das ist mein Leben«, aber Fakt ist, dass es das nicht ist, zumindest noch nicht und nicht ausschließlich. Denn in deinem Leben sind auch die Leben anderer enthalten. Denk dran, dass du anderen nicht egal bist, denn was du tust, betrifft (und trifft) sie stärker, als du dir das jetzt vielleicht vorstellen kannst.

Du kannst dir gar nicht vorstellen, wie viel Zeit, Mühe und Liebe seit dem wunderbaren Augenblick deiner Geburt in deine Erziehung geflossen sind: Windeln wechseln; dich mit Brei füttern, mit dem du dann dein Lätzchen vollgespuckt hast; dir vor dem Einschlafen vorlesen; deine ersten Schritte beaufsichtigen; dich am ersten Schultag zum Bus bringen; dir Abendessen zubereiten; dir Kleidung kaufen; dich anziehen; hinter dir aufräumen; Weihnachtsgeschenke für dich einkaufen; dir bei den Hausaufgaben helfen; all die Aufschürfungen und Wunden verpflastern; dich zum Schwimmkurs anmelden; dich wegen deiner Mittelohrentzündung zum Arzt fahren; die Familienausflüge, bei denen du ständig gefragt hast: »Wann sind wir denn endlich da?«; dich im Auto zu den Musikstunden und zum Sport bringen; deine Fußballspiele, Konzerte, Aufführungen und Elternabende besuchen; für deine Zahnspange zahlen; hören, wie du sagst, du würdest sie hassen; dir bei deinem ersten Rendezvous helfen; vor lauter Sorgen nachts wach liegen; Abschlussfeiern; für dein Studium sparen; die Ängste, Befürchtungen und dann wieder die Augenblicke unglaublicher Zufriedenheit, Überraschung, Hoffnung und Stolz. Es würde nicht schaden, wenn du ein wenig Dankbarkeit zeigen würdest.

Verwöhnte Fratzen glauben, sie hätten auf all dies ein Recht, deshalb merken sie gar nicht, welch bemerkenswertes Geschenk ihnen zuteil wurde. Und so kommen sie gar nicht groß auf die Idee, sich zu bedanken.

Für diejenigen unter euch, die ein besseres Gespür dafür haben, was ihr schuldig seid, ist die ganze Sache schwieriger. Wie soll man sich für ein Leben und für lebenslange Geschenke und Hilfe bedanken? Wie soll man das zurückzahlen? Irgendwie ist es mit einem Dankeskärtchen ja nicht getan.

Meine Lieblingsgeschichte zum Thema Dankbarkeit ist Anatole Frances Erzählung von dem Gaukler, dem nichts wichtiger ist, als Maria, der Mutter Jesu, seine Verehrung und Dankbarkeit zu zeigen.[160]

Der Gaukler hieß Barnabas und lebte zu Zeiten König Ludwigs in Frankreich. Er zog von Stadt zu Stadt und unterhielt die Menschen mit seinen Kunststücken und Vorführungen. Schließlich aber trat er in ein Kloster ein und wurde Mönch, weil er hoffte, so der Heiligen Jungfrau dienen zu können.

Er war jedoch tief betrübt, als er merkte, wie wenig er im Vergleich zu den anderen Mönchen anzubieten hatte. Alle anderen hatten eine besondere Begabung oder Fertigkeit, die sie in den Dienst der Marienverehrung stellten. Der Prior etwa verfasste kluge Bücher; Bruder Mauritius »schrieb mit geschickter Hand diese Traktate auf Pergament ab«; Bruder Alexander schmückte diese Handschriften mit zarten Miniaturen, auf denen die Heilige Jungfrau dargestellt war; Bruder Marbodius war ein begabter Bildhauer, während andere Mönche wunderbare Gesänge und Hymnen zu Ehren der Muttergottes verfassten.

Angesichts all dessen fühlte sich Barnabas klein und fehl am Platze. Im Gegensatz zu den gelehrten, begabten Mönchen um ihn herum war er ein ungebildeter und einfacher Mann, der nicht einmal darauf hoffen durfte, ähnlich wunderbare Gaben zu schaffen wie seine Mitbrüder. Er konnte keine Predigt liefern, keine kluge theologische Abhandlung verfassen oder eine Statue meißeln. »Ach«, sagte er, »ich vermag nichts!«

»So pflegte er zu seufzen«, heißt es bei Anatole France, »und versank in tiefe Traurigkeit«.

Bis er eines Morgens einen Einfall hatte. Er erhob sich von seiner Pritsche, lief in die Kapelle und blieb dort über eine Stunde ganz allein. Am nächsten Tag ging er wieder in die Kapelle und verschwand von nun an häufig darin, sooft er Zeit fand und die Kapelle leer war. Das erregte natürlich die Neugier der anderen Mönche, die sich fragten, was er da so ganz allein in der Kapelle machte.

Der Prior, zu dessen Aufgaben es gehört, über das Tun seiner Mönche Bescheid zu wissen, beschloss, Barnabas zu folgen, und begab sich eines Nachts in Begleitung zweier weiterer Mönche zur Kapelle. Sie lugten durch den Türspalt, um zu sehen, was Barnabas dort trieb.

»Da sahen sie, wie Barnabas vor dem Altar der Heiligen Jungfrau auf dem Kopf stand und mit den Füßen sechs Kupferkugeln und zwölf Messer durch die Luft wirbelte.«

Barnabas hatte erkannt, dass er schließlich doch ein Geschenk für die Jungfrau Maria hatte; er zeigte seine Dankbarkeit, indem er ihr das Beste gab, was er hatte. Er war kein Dichter, kein Bildhauer und auch kein Künstler. Er war ein Gaukler, und so führte er seine Kunststücke vor.

»Der Prior wusste, dass Barnabas unschuldigen Gemütes war, glaubte nun aber er sei wahnsinnig geworden. Gerade schickten sich alle drei an, ihn unverzüglich aus der Kapelle zu entfernen, als sie sahen, wie die Heilige Jungfrau die Stufen des Altars hinabstieg und mit einem Zipfel ihres blauen Mantels den Schweiß von der Stirn des Gauklers trocknete.

Da warf der Prior sich auf die Knie, sodass er mit der Stirn den Boden berührte, und sprach: ›Selig sind, die reinen Herzens sind, denn sie werden Gott erschauen.‹

›Amen!‹, sagten die beiden Ältesten und küssten die Steinfliesen.«

Du bist vielleicht nicht zum Vorstandsvorsitzenden oder zum Gehirnchirurgen oder zum Opernsänger geboren. Aber was immer du tust, mach es, so gut du kannst, mit Können und mit Stolz.

Auf diese Weise kannst du es zurückzahlen.

Regel

50

Genieße es, so gut und so lange es geht.

Sicher, Eltern sind eine Qual, die Schule nervt und das Leben ist deprimierend. Eines Tages aber wirst du erkennen, wie wundervoll es war, Kind zu sein.

Es ist viel zu schnell vorbei – der Sommer, die Schule, das Leben. Ein Zwinkern nur, und schon ist es vorüber. Genieße es.

Am besten fängst du jetzt gleich damit an.

Anmerkungen

1 Christina Hoff Sommers und Sally Satel, *One Nation Under Therapy* (New York: St. Martin's Press, 2005).

2 Jean Twenge, *Generation Me* (New York: Free Press, 2006).

3 Michael Barone, *Hard America, Soft America* (New York: Crown Forum, 2004).

4 James Stenson, *Upbringing: A Discussion Handbook for Parents of Young Children* (Princeton, N.J., 2004).

5 Jonathan Yardley, »Read No Evil: A Textbook Case of Censorship«, in: *Washington Post*, 12. Juni 2003.

6 Hara Estroff Marano, »A Nation of Wimps«, in: *Psychology Today*, November/ Dezember 2004.

7 Michael Barone (wie Anm. 3), S. 13.

8 C.S. Lewis, *Dienstanweisung für einen Unterteufel* (Freiburg/Brsg. u.a.: Herder, 1992), S. 109f.

9 Sam Dillon, »Literacy Falls for Graduates From College, Testing Finds«, in: *The New York Times*, 16. Dezember 2005.

10 »New Study of the Literacy of College Students Finds Some Are Graduating With Only Basic Skills«, American Institutes for Research, Januar 2006; »Study: Most College Students Lack Skills«, Associated Press, 19. Januar 2006.

11 »Parents, students, don't see a crisis over science and math«, in: *USA Today*, 14. Februar 2006.

12 »Skills Gap Report – A Survey of the American Manufacturing Workforce«, National Association of Manufacturers, 19. Dezember 2005. Für Deutschland vgl. die jüngst vom Bundeswirtschaftsministerium in Auftrag gegebene Studie zum Fachkräftemangel unter http://www.bmwi.de/BMWi/ Navigation/root,did=259332.html.

13 »Skills Gap Report – A Survey of the American Manufacturing Workforce« (wie Anm. 12).

14 H. L. Mencken, *A Second Mencken Chrestomathy*, hrsg. von Terry Teachout (New York: Alfred A. Knopf, 1995), S. 303.

15 Viktor E. Frankl, *... trotzdem Ja zum Leben sagen. Ein Psychologe erlebt das Konzentrationslager* (München: Kösel, 2002), S. 108.

16 Alle Zitate stammen von Stephen Hawkings persönlicher Website: www. hawking.org.uk/text/disable/disable.html.

17 Hara Estroff Marano (wie Anm. 6).

18 Charles Sykes, »The Rise of the Nanny State«, in: *CNI Newspapers*.

19 Naomi Aoki, »Harshness of red marks has students seeing purple«, in: *The Boston Globe*, 23. August 2004.

20 Charles Sykes (wie Anm. 18).

21 http://www.farmschoolathome.blogspot.com/2005/08/ swimming-lessons-and-rumplestiltskin.html

22 Roy E. Baumeister u.a., »Mythos Selbstbewusstsein«, in: *Spektrum der Wissenschaft*, August 2005, S. 24–29.

23 Christina Hoff Sommers und Sally Satel (wie Anm. 1), S. 31.

24 Roy E. Baumeister u.a. (wie Anm. 22).

25 Ebd.

26 Martha Irvine, »Young workers want it all, now: Oh, and they'll need to take next Friday off, too«, Associated Press, 27. Juni 2005.

27 Patrik Jonsson, »Haven't scored the good life yet? Hire a coach!«, in: *Christian Science Monitor*, 5. Juni 2006.

28 Ebd.

29 »Professors of Education: It's How You Learn, Not What You Learn, That's Most Important«, in: *Public Agenda*, 22. Oktober 1997.

30 Stephanie Armour, »Generation Y: They've arrived at work with a new attitude«, in: *USA Today*, 7. November 2005.

31 James Stenson (wie Anm. 4), S. 106f.

32 Michelle Moran, »Grading the Generation Curve«, in: *The Gourmet Retailer*, 1. Februar 2005. Für Deutschland ist die KidsVerbraucherAnalyse 2003 verfügbar unter www.bauermedia.com/fileadmin/user_upload/pdf/studien/konferenzen/ kids2003/Kaufkraft.pdf.

33 »Targeting Teens«, Business Analysis and Research Department, Newspaper Association of America, Oktober 2005.

34 »Thirty & Broke«, in: *Business Week*, 4. November 2005.

35 Ebd.

36 »Teens come up short on financial literacy«, Associated Press, 6. April 2006; vgl. auch Tom O'Neill, »Teens flunk personal finance quiz«, in: *The Cincinnati Post*, 6. April 2006; »Financial Literacy Shows Slight Improvement Among Nation's High School Students«, auf www.jumpstart.org.

37 Olivia Barker, »Coming-of-age grows lavish«, in: *USA Today*, 19. April 2006.

38 »Hyatt Resorts Launches ›HyaTTeen Suite 16‹ Luxury Slumber Party – from Limo Rides to Lounging Pool-Side, Teens Celebrate in Style«, Hospitality Net, 2. Mai 2006.

39 Jaimee Rose, »Welcome to Marissa's World«, in: *The Arizona Republic*, 26. April 2006.

40 Ebd.

41 »An Assessment of Survey Data on Attitudes About Teaching«, Public Agenda, 25. August 2003.

42 »Do Students Have Too Much Homework?«, ein Bericht des Brown Center on Education, Oktober 2003.

43 »Getting By: What American Teenagers Really Think About Their Schools«, Public Agenda, 11. Februar 1997.

44 Michael Crowley, »That's Outrageous! Expel These Teachers«, in: *Reader's Digest*, September 2005.

45 Sol Stern, »Dance of the Lemons«, in: The City Journal, Herbst 1998.

46 John Stossel, »Stupid in America: Why your kids are probably dumber than Belgians«, in: Reason, 13. Januar 2006.

47 Ebd.

48 Christina Hoff Sommers und Sally Satel (wie Anm. 1), S. 5.

49 Nicole C. Wong, »New Relexation badge is a hit with preteen scouts«, in: Knight-Ridder Newspapers, 23. April 2002.

50 Ebd.

51 Families and Work Institute, »What's Special About Me?«, www.familiesandwork.org/911ah/lp_prek-2_mu.html.

52 »Guideline for Addressing the Needs of Students in the Aftermath of Trauma«, United Federation of Teachers and NYC Board of Education (2001), www.uft.org/member/workplace/school/guidelines_for_/index.html.

53 Christina Hoff Sommers und Sally Satel (wie Anm. 1), S. 216.

54 Glynn Custred, »Onward to Adequacy«, in: Academic Questions, Sommer 1990.

55 »Different Drummers: How Teachers of Teachers View Public Education«, Public Agenda, 1997.

56 Mark Mlawer, »My Kid Beat Up Your Honor Student«, in: Education Week, 13. Juli 1994.

57 Mike Weiss, »What happens when everyone's a winner«, in: The Boston Globe, 23. Februar 2006.

58 Melinda Henneberger, »New Gym Class: No More Choosing Up Sides«, in: The New York Times, 16. Mai 1993.

59 »Dodgeball: Whip It Good: The growing debate over ›murderball‹«, www.brainevent.com/be/TheNews/head_to_head/20010604.

60 Neil Seeman, »Dodge This: Banning dodgeball is like banning childhood«, National Review Online, 4. Mai 2001.

61 Ebd.

62 Neil F. Williams, »The Physical Education Hall of Shame«, in: The Journal of Physical Education, Recreation & Dance 63, Nr. 6 (1992).

63 Rick Reilly, »The Weak Shall Inherit the Gym«, in: Sports Illustrated, 8. Mai 2001.

64 Chris Kahn, »In the pursuit of safety, teeter-totters and swings are disappearing from playgrounds«, in: Orlando Sun-Sentinel, 18. Juli 2005.

65 Sandy Louey, »Recess Gets Regulated«, in: Sacramento Bee, 22. August 2004.

66 Martin Miller, »At This School, ›It‹ Is a Touchy Subject«, in: Los Angeles Times, 12. Juni 2002.

67 Dan Uhlinger, »Towns' Worst Fears Realized: Suits Follow Playground Mishaps«, in: Hartford Courant, 24. September 1999.

68 Greg Toppo, »The great American swing set is teetering«, in: USA Today, 20. März 2006.

69 Chris Kahn (wie Anm. 64).

70 Patricia Biederman, »Tossing Self-Esteem into the Mix«, in: Los Angeles Times, 9. Mai 2001.

71   Patricia Dalton, »What's Wrong With This Outfit, Mom?«, in: *The Washington Post*, 20. November 2005.

72   Blogeintrag in »Sex and the Mil-town« (25. März 2006), http://satcmke. blogspot.com/2006/04/fashion-faux-pas.html.

73   Patricia Dalton (wie Anm. 71).

74   Ebd.

75   Vgl. S. Mark Wilson, »Income Mobility and the Fallacy of Class-Warfare Arguments Against Tax Relief«, The Heritage Foundation, 8. März 2001.

76   Ben Wildavsky, »McJobs: Inside America's Largest Youth Training Program«, in: *Policy Review*, Sommer 1989.

77   Katherine S. Newman, *No Shame in My Game* (New York: First Vintage Books/ Russell Sage Foundation, 2000).

78   Ben Wildavsky (wie Anm. 76).

79   P.J. O'Rourke, *Alle Sorgen dieser Welt. Sprengstoff für die Diskussion um Übervölkerung, Hunger, Rassenhass, Seuchen und Armut* (München, Zürich: Piper, 1998), S. 21f.

80   P.J. O'Rourke, *Peace Kills* (New York: Atlantic Monthly Press, 2004), S. 130f.

81   Ebd., S. 136.

82   Rob Walker, »Notes from the Brand Underground«, in: *The New York Times Magazine*, 30. Juli 2006.

83   Vgl. Justin Pope, »Colleges try to deal with hovering parents«, Associated Press, 28. August 2005; Samuel G. Freedman, »Weaning Parents From Children As They Head Off to College«, in: *The New York Times*, 15. September 2004.

84   Hara Estroff Marano (wie Anm. 6)

85   Ebd.

86   Ebd.

87   Ebd.

88   Sue Shellenbarger, »Helicopter Parents Go to Work: Moms and Dads Are Now Hovering at the Office«, in: *The Wall Street Journal*, 16. März 2006.

89   »Nose piercing means trouble for Wisconsin eighth-grader«, Associated Press, 22. März 2006.

90   »Woods apologizes for ›spaz‹ comment«, Reuters, 13. April 2006.

91   Rick Esenberg, »Tiger Woods had less than optimal muscle control«, Blogeintrag, http://sharkandshepherd.blogspot.com.

92   Damon Rose, »The S-word«, BBC News, 12. April 2006.

93   Nisha Ramachandran, »The parent trap: boomerang kids«, in: *U.S. News and World Report*, 12. Dezember 2005; www.destatis.de/jetspeed/portal/cms/Sites/ destatis/Internet/DE/Presse/pk/2006/Datenreport/Statement_Radermacher. psml.

94   Anna Bahney, »The Bank of Mam and Dad«, in: *The New York Times*, 20. April 2006.

95   Frank F. Furstenberg u.a., »Growing up is harder to do«, in: *Contexts* 3, Nr. 3 (Sommer 2004).

96   Ebd.

97 Megan Twohey, »The coming-back kid«, in: *Milwaukee Journal Sentinel*, 10. Mai 2006.

98 »Johnny Lechner, Professional Student – Afflicted with On-Set Career Crisis, Says Gen Y Career Coach«, PRWEB, 5. Mai 2006.

99 Theodore Dalrymple, *Life at the Bottom: The Worldview That Makes the Underclass* (Chicago: Ivan R. Dee, 2001), S. 10.

100 Tom McMahon, Blogeintrag »Love Acts the Part«, www.tommcmahon. net/2005/06/love_acts_the_p.html.

101 Zitiert nach www.quotationsbook.com.

102 Michael Barone (wie Anm. 3).

103 H.L. Mencken, *A Mencken Chrestomathy* (New York: Knopf 1949), S. 626.

104 »The Ethics of American Youth«, The Josephson Institute of Ethics (2004).

105 »UK Children Go Online: Final Report«, London School of Economics, April 2005.

106 Robert E. Rector u.a., »The Harmful Effects of Early Sexual Activity and Multiple Sexual Partners Among Women«, The Heritage Foundation (Juni 2003); vgl. auch »Sexually Active Teenagers Are More Likely to Be Depressed and Commit Suicide«, The Heritage Foundation (Juni 2003).

107 François de La Rochefoucauld, *Maximen und Reflexionen* (München: Goldmann, 1987), S. 79.

108 Zitiert nach www.brainyquote.com/quotes/quotes/j/judithmart161215.html.

109 Linda Clawson, »Schools to change policy«, in: *Milwaukee Journal Sentinel*, 27. Juni 1996; »N.J. kindergartners suspended for threats during playground ›cops and robbers‹«, AP/Court TV, 6. April 2000; »Girl doodles her way into 3-day suspension«, Associated Press, 5. Mai 2002.

110 Vgl. www.zerointelligence.net/archives/000442.php (17. Oktober 2004).

111 Einen umfassenden Überblick über die Politik nach dem Prinzip Null Toleranz bietet www.overlawyered.com; vgl. auch Neal Boortz, »Zero-tolerance – zero thought«, Townhall.com, 4. Juni 2004.

112 H.L. Mencken (wie Anm. 105), S. 616.

113 William J. Booher, »Boy turns in knife but may still be expelled«, *The Indianapolis Star*, 3. April 2006.

114 »School board votes to expel student for possessing Advil on campus«, Website der National School Boards Association, Legal Clips (Dezember 2003).

115 www.spiegel.de/politik/ausland/0,1518,502812,00.html.

116 Kate Jackson, »0 is the new 8: As waistlines grow, women's clothing sizes shrink incredibly«, in: *The Boston Globe*, 5. Mai 2006.

117 Lance Burri, Blogeintrag, »The Thanksgiving Column«, 26. November 2004), http://lanceburri.blogspot.com/2004/11/thanksgiving-day-column. html.

118 Paul Graham, »Why Nerds Are Unpopular«, Februar 2003, www.paulgraham. com/nerds.html.

119 Ebd.

120 Del Jones, »CEOs say how you treat a waiter can predict a lot about character«, in: *USA Today*, 17. April 2006.

121 Dennis Waitley, zitiert nach www.brainyquote.com/quotes/quotes/d/deniswaitl130424.html.

122 Vince Lombardi, zitiert nach www.brainyquote.com/quotes/quotes/v/vincelomba130581.html.

123 Alfie Kohn, »The Case Against Competition«, in: *Working Mother*, September 1987.

124 Vince Lombardi, zitiert nach www.brainyquote.com/quotes/quotes/v/vincelomba151250.html.

125 Zitiert nach Greg Moran, »The Circle Game« (Januar 1999), auf www.tennisserver.com/circlegame/circlegame_00_01.html; Kohn schreibt häufig über die schädlichen Folgen der »Reise nach Jerusalem«, siehe beispielsweise »No Contest«, in: *New Age Journal*, September/Oktober 1986.

126 Jim Litke, »Bode Miller on 0 for 5 Olympic Bust: Man, I Rocked Here ...«, Associated Press, 25. Februar 2006.

127 Bill Saporito, »How Bode Got Booted«, in: *Time*, 14. Februar 2006.

128 Theodore Roosevelt, »The Man in the Arena«, Vortrag an der Sorbonne in Paris, 23. April 1910.

129 Mike Royko, »A Discrimination Charge Hits Bottom«, in: *Chicago Tribune*, 22. Mai 1991.

130 Michael Y. Park, »Ailing Man Sues Fast-Food Firms«, Fox News, 24. Juli 2002, www.foxnews.com/story/0,2933,58652,00.html; vgl. auch »Fast Food: Give Me My Million« auf www.overlawyered.com/archives/000029.html.

131 Michael Krauss, »Today's Tort Suits Are Stranger Than Fiction«, Virginia Viewpoint, Mai 2003, www.virginiainstitute.org/viewpoint/2003_05.html.

132 Zitiert nach Guy Barnett, »Time for a Fat Fight«, in: *The Herald Sun*, 17. Juli 2002.

133 »CSPI And Brownell: Two Twinkies in One Package«, The Center for Consumer Freedom, 4. Juni 2002, www.consumerfreedom.com/news_detail.cfm/headline/1441; vgl. zur Biografie von Brownell auch www.activistcash.com/biography.cfm/bid/1289.

134 »Trial Lawyers Still Looking for a Drive-Thru Payday«, The Center for Consumer Freedom, 12. Mai 2003, www.consumerfreedom.com/news_detail.cfm/headline/1915.

135 »Public Health Activists vs. Consumer Freedom: Video Highlights«, The Center for Consumer Freedom, 4. Dezember 2003, www.consumerfreedom.com/news—detail.cfm/headline/2248.

136 »Thompson's take on fat«, in: *Milwaukee Journal Sentinel*, 9. Juli 2003; vgl. auch Charles Sykes, »Tommy, may I? Or How Tommy Became Nanny-in-Chief«, in: *Isthmus*, 17. Juli 2003.

137 Don Behm und Lawrence Sussman, »Beer was the fuel in crash that killed 5«, in: *Milwaukee Journal Sentinel*, 29. August 2005.

138 Mike Nichols, »Beer-can memorial a slap in the face«, in: *Milwaukee Journal Sentinel*, 29. August 2005.

139 »Generation M: Media in the Lives of 8–18 Year-Olds«, The Kaiser Family Foundation, März 2005. Für Deutschland vgl. die jährlichen KIM- und JIM-Studien des Medienpädagogischen Forschungsverbunds Südwest; sie sind verfügbar unter www.mpfs.de.

140 »Generation M: Media in the Lives of 8–18 Year-olds« (wie Anm. 139)

141 Vgl. Claudia Wallis, »The Multitasking Generation«, in: Time, 27. März 2006.

142 Ebd.

143 Hara Estroff Marano (wie Anm. 6).

144 »Generation M: Media in the Lives of 8–18 Year-olds« (wie Anm. 139).

145 Philip Dormer Stanhope, Earl of Chesterfield, Briefe an seinen Sohn Philip Stanhope über die anstrengende Kunst, ein Gentleman zu sein (München: C.H. Beck, 1994), S. 296 (Brief vom 11. Mai 1752).

146 Sharon Jayson, »Tech creates a bubble for kids«, in: USA Today, 20. Juni 2006.

147 Philip Dormer Stanhope (wie Anm. 147), S. 100 (Brief vom 5. September 1748).

148 »Best of the Web«, Opinion Journal, 17. Februar 2006, www.opinionjournal. com/best/?id=110007988.

149 National Assessment of Education Progress 200 History Report Card, http:// nces.ed.gov./nationsreportcard/ushistory/results; vgl. auch Diane Ravitch, »Statement on NAEP 2001 U.S. History Report Card«, 9, Mai 2002, www.nagb.org/naep/history_ravitch.html.

150 Sam Dillon, »From Yale to Cosmetology School, Americans Brush Up on History and Government«, in: The New York Times, 16. September 2005.

151 »Simpsons ›trump‹ First Amendment«, BBC News, 1. März 2006.

152 Diane Ravitch, The Language Police: How Pressure Groups Restrict What Students Learn (New York: Alfred A. Knopf, 2003), zitiert nach Jonathan Yardley (wie Anm. 5).

153 Peter Kreeft, A Refutation of Moral Relativism (San Francisco: Ignatius Press, 1999), S. 85.

154 Philip Dormer Stanhope (wie Anm. 147), S. 54 (Brief vom 9. Oktober 1747).

155 Leslie Baldacci, »Not just a 3-hour dance«, in: Chicago Sun-Times, 23. Mai 2006.

156 John Hughes, »Mother«, in: ders., Broken-winged Flights: Forays into the Realm of Truth, Joy & Freedom (Selbstverlag, 1998).

157 Viktor E. Frankl (wie Anm. 15), S. 125.

158 Der vollständige Text von Steve Jobs' Vortrag findet sich auf http://newsservice.stanford.edu/news/2005/june15/jobs-061505.html.

159 Viktor E. Frankl (wie Anm. 15), S. 124f.

160 Anatole France, »Der Gaukler Unserer Lieben Frau«, in: ders., Blaubarts sieben Frauen und andere Erzählungen (Frankfurt/M.: Insel, 1981), S. 67–75.